AF560912

MAIKEN BRATHE

SEITENBLICKE

STORIES

adakia Verlag UG (haftungsbeschränkt),
Richard-Wagner-Platz 1, 04109 Leipzig

Bibliographische Information der Deutschen Bibliothek:
Die Deutsche Bibliothek verzeichnet diese Publikation
in der Deutschen Nationalbibliographie;
detaillierte Daten sind im Internet über
http://www.dnb.de abrufbar.

Das Werk einschließlich aller seiner Teile ist urheberrechtlich geschützt. Jede Verwertung außerhalb der Grenzen des Urheberrechts ohne Zustimmung des Verlags ist unzulässig.

Gesamtherstellung: adakia Verlag, Leipzig
Cover: Foto der Autorin
1. Auflage, Oktober 2024
ISBN 978-3-911472-06-7

Für Rosi und Papa

INHALT

VORSICHT, FEIND!

Wann die Zeit angefangen hatte, bedeutungslos zu werden, wusste der alte Mann nicht genau. Irgendwann war es einfach passiert, weil niemand mehr auf ihn wartete. Vorher waren die Stunden aneinandergereiht davon gehetzt. Wenn er im Wald spazieren gegangen war, dann vergaß er oft, dass Hanna mit Klößen und Rouladen auf ihn wartete. Seit Beginn seiner Rente hatte sie versucht, ihm etwas Besonderes zu kochen. Am Abend war meist das Mittagessen unter Hannas Tränen zerfallen und er bemühte sich, ihr zu erklären, warum er so spät nach Hause gekommen war. Ein Eichhörnchen habe er gesehen und einen Fuchs. Nicht zugleich, aber gleichermaßen hatte ihn das berührt. Beide Tiere wussten, was sie in ihrem Leben zu tun hätten – im Gegensatz zu ihm.

Nach Hannas Tod saß er jeden Tag im Wald auf einer Holzbank bei einer kleinen Lichtung. Fuchs oder Eichhörnchen beachtete er nicht mehr. Bereits am Morgen, wenn die ersten Frühaufsteher im Wald spazierten, saß er dort und blickte auf die Lichtung.

Eine ältere Dame setzte sich manchmal zu ihm. Sie hatte einen kleinen Foxterrier namens Faxe. Er freute sich, wenn er Faxe auf sich zulaufen sah. Die Frau lächelte, erzählte ihm, welche Faxen Faxe mache, aber er hörte nicht zu, sondern streichelte den Hund und schaute in die Ferne.

Er hatte auch einen Terrier gehabt, als er ein Kind war. Sie hatten auf dem Land auf einem Bauernhof gelebt, waren Flüchtlingskinder und auf dem Gut zwangseingewiesen worden. Eigentlich gehörte der Hund dem Bauern. Paule hieß der Terrier und der Junge hatte ihn abgöttisch geliebt. Als er sieben Jahre alt war, übte er mit Paule Tricks, um im Dorf ein paar Leckereien zu verdienen. Paule konnte winken oder umfallen und sich tot stellen, wenn er mit dem Finger auf ihn zeigte und »Vorsicht, Feind!« rief.

Bei einer Vorstellung auf dem Marktplatz kam der Bauer gerade aus dem Wirtshaus. Er schimpfte und zog bereits beim Gehen seinen Gürtel aus der Hose. Paule packte er am Nacken und auf den Jungen schlug er ein, während dieser versuchte, seinen kleinen Freund aus der Hand des Bauern zu befreien.

Wenn er auf der Bank saß, und Faxe seine Hand leckte, weinte der alte Mann. Paule hatte er nicht retten können. Der Bauer hatte den Hund mitgenommen und war ohne ihn heimgekehrt.

Den ganzen Sommer über hatten sie sich aneinander gewöhnt: die Frau, Faxe und der alte Mann. Gesprochen wurde kaum, nur Faxe mit liebkosenden Händen und Keksen beglückt.

An diesem Tag blieb die Dame fern. Der alte Mann schloss weitere Knöpfe seines Mantels und spähte den Weg entlang, auf dem sie ansonsten jeden Tag flanierte. Im Unterholz gruben Vögel unter den Blättern nach Nahrung und illusionierten den alten Mann, Faxe wäre dort auf Mäusejagd. Er stand auf und bog seinen Rücken vor und zurück. Er hatte das Gefühl, heimlich greis geworden zu sein. Hanna hätte ihn gewarnt, hier nicht in der herbstlichen Kälte herumzusitzen, hätte Apfelkuchen und Pflaumenmus gezaubert und ihm seinen Nacken massiert. Die Knie knackten und mit steifen Beinen folgte er dem Weg, den sonst Faxe und sein Frauchen beschritten. Zuerst war es noch ein breiter Kiesweg, gesäumt von gepflegten Büschen, bis der Untergrund erdig und die Wegesränder überwuchert waren. Ein Eichelhäher kündigte sein Eindringen an. Der alte Mann schaute konzentriert zu Boden, um nicht über Wurzeln zu stolpern.

Etwas raschelte im Gebüsch. Er kniff die Augen zusammen und versuchte zu erkennen, was sich vor ihm im Unterholz bewegte. Äste knackten und er sah etwas Helles. Faxe! Der alte Mann verließ den Weg und kämpfte sich durch die Dornenranken, die ihn an den Hosenbeinen packten. Eicheln knackten unter seinen Füßen und auch so manches Schneckenhaus. Er schürfte sich die Hände an Ästen und Rinden auf, wollte nach dem kleinen Hund pfeifen, der scheinbar aufgeregt schwanzwedelnd einer Wildtierspur folgte. Aber sein Mund war trocken und verklebte die Töne. Er versuchte zu rufen, doch der kalte Herbstwind stahl die Silben von seinen Lippen und er wusste nichts anderes zu tun, als dem Hund zu folgen.

Sein Fuß stapfte in ein Kaninchenloch und er fiel auf die Knie. Sekundenlang wurde es dunkel um ihn und als er die Augen wieder öffnete, schlabberte der Foxterrier sein Gesicht ab. Faxe. Nein. Paule! Der alte Mann weinte und lachte, der Hund leckte ihm die Tränen aus dem Gesicht und hüpfte freudig an ihm hoch. Er umarmte das Tier. »Vorsicht, Feind!«, rief er ohne Stimme, und der Hund kippte zur Seite. Der alte Mann drehte sich auf den Hosenboden, der Terrier sprang auf seinen Schoß und stupste mit der Schnauze an die Jackentasche, in der er die Belohnung wähnte. Das erste Mal seit Hannas Tod konnte der Mann wieder lachen.

Er rappelte sich auf und sie fanden den Weg zurück zum Pfad. Die Dornenranken betteten ihre langen Arme jetzt unauffällig am Wegesrand zur Ruh'. Die Vögel hatten den feuchten Boden verlassen, und ihr fröhlicher Gesang war in den Baumkronen zu hören.

Auf der Lichtung glitzerten Spinnenweben in der Abendsonne, die letzten Insekten des Spätsommers summten über verwelkte Blumen und der Mann fühlte sich frei.

Der Hund sprang zu ihm auf die Bank und der Alte küsste Paule auf die Ohren.

Eine Hand berührte seine Schulter und er sah auf und lächelte. Sie setzte sich zu ihm und legte ihren Arm um ihn. Er spürte ihre vertraute Wärme, zog genüsslich ihren Duft ein. Sie roch immer noch nach schöner Frau und nach Knödeln und Kohlrouladen.

Es war spät geworden, der Besuch wollte einfach nicht gehen. Faxe quengelte bereits seit Ewigkeiten, er wollte endlich im Wald herumtollen und lief kläffend vor und die ältere Dame verlor ihn aus den Augen. Als sie die Lichtung erreichte, schlug ihr Herz Krawall und beruhigte sich erst, als sie Faxe auf dem Schoß des Mannes liegen sah, der auf der Bank saß. Der Hund winselte, leckte die Hand des Alten und seinen lächelnden Mund. Sie setzte sich neben den Mann und streichelte kurz über seinen Rücken. Sein Körper war eiskalt; das fühlte sie selbst durch den groben

Mantel hindurch. Und sie fragte sich, wie lange er schon tot war.

Hanna gab ihm einen langen Kuss, lächelte und stand auf. Sie streckte ihm ihre zarte Hand entgegen und sagte: »Komm, Liebster, es ist Zeit.«

Seine Beine fühlten sich geschmeidig an und der Mann setzte Paule behutsam am Boden ab und zielte mit einem Finger auf den Hund. »Vorsicht, Feind!« Der Hund plumpste auf die Seite. Hanna lachte vor Entzücken und der Mann beugte sich hinunter und küsste den Hund auf die Nase. Er umarmte seine Frau und beide verließen aneinandergeschmiegt mit Paule in der Abenddämmerung die Lichtung.

FASSADEN

Licht flutet seinen Schreibtisch, während der Rest des Zimmers im Dunkeln bleibt. Er lehnt sich aus dem Schatten vor. Jede Nacht schaut er online im Blog seiner Frau nach, ob er glücklich ist. Gestern sah er sich auf einem Foto, die Gattin im Arm, vor dem neuen Firmenwagen, das Bild geklebt auf farbigem Papier, verziert mit einer Horde Herzen und drapierten »Love«-Lettern, abgelichtet und ins World Wide Web gestellt.

Heute, so postete seine Frau auf Instagram, habe sie keine Zeit, deshalb nur ein Schnappschuss von dem köstlichen Kuchen und das Rezept für Nacheifernde. Als er von der Arbeit nach Hause gekommen ist, hat das Backwerk-Bild bereits hundert Herzen und der Kuchen sich verkrümelt.

Das Reihenhaus ist fast abbezahlt. Es ist ja auch nur das mittlere, eher Unattraktivste laut Makler, da ohne Endwand, aber dafür erschwinglich, als das Kind noch klein war und die Gattin beschloss, nicht mehr zu arbeiten.

Täglich kauft seine Frau Dinge, die er nicht begreift: maschinell gefertigtes Bastelzubehör, Stempel, Sticker und Schablonen, um etwas Selbstkreiertes zu schaffen. Er fragt nach: »Ist das kreativ?« Und sie antwortet nur mit einer zuschlagenden Tür.

Er hat ihr ein Buch geschenkt: »Den Norden häkeln«, in dem es Anleitungen für Leuchttürme und Möwen aus buntem Garn gibt. Drei Meldungen war ihr das im Blog wert. Besonders das gehäkelte Fischbrötchen mit Zwiebelringen bekam die meisten Likes. Das Kind und er mussten für ein

Foto den Biss in die Wollsemmel imitieren. Er riss dabei gierig die Augen auf, während sein Nachwuchs sich in Stummfilmmanier den Magen rieb. Er ist froh, wenn sie den gehäkelten Leuchtturm auf der letzten Seite erklommen haben werden. Er will das nicht mehr.

Tagtäglich versucht er, seine Haare in die andere Richtung zu kämmen, aber bis zum Abend fallen sie immer wieder zurück und er fragt sich, ob seine Küsse noch schmecken.

Zuhause feiern Glasmobiles Orgien in der Heizungsluft und hexen Farbbewegungen an die Wände, ohne die Raufaser zu beschädigen, während das Kind mit den Füßen an den Couchtisch gestemmt auf sein Smartphone starrt und seine Frau die Nadeln schwingt.

Sein »Gute Nacht« geht unter und er hinauf in sein separates Schnarchzimmer. Während die Gattin vor dem Fernseher bunte Socken strickt, gibt er sich in seinem Zimmer seiner eigenen Handarbeit hin.

Dienstags geht er zum Sport, fühlt und fordert sich. Wenn er nackt in der Sauna sitzt, sieht niemand ihm sein Mittelreihenhaus an. Er betrachtet sich und entdeckt, dass er alt geworden ist. Seit wann sind die Haare grau an seiner Brust? Das ist ihm vorher nicht aufgefallen.

Eines Tages wird er seine Sporttasche packen, so schwört er sich, mit Pass, Geld, Zahnbürste und Rasierer. Gegen die grauen Haare. Irgendwann wird er die abmachen und gehen.

Daheim. Nur der Hund läuft seinem »Schatz, bin wieder da!«, entgegen. Das enthusiastische Herzlich-Willkommen-

Schild an der Haustür klappert spiegelverkehrt gegen das Holz.

Eines Tages trifft er die Fremde. Ganz unerwartet sieht er sie im Wald, beim Spaziergang mit dem Hund. Ihre Blicke kratzen an seinem dekorierten Leben das Gebastelte ab. Er fühlt sich nackt erkannt, kein graues Haar spielt eine Rolle. Kein aufgeklebtes Herz, keine »Love«-Lettern von Nöten. Die Fremde ist schnörkellos. Keine Fassade. Nur er und sie. Ohne Schnickschnack auf Fotobüchern mit Schlagwortstempel gepressten »Freude«-Ausrufen – auf Instagram, um andere Frauen in anderen Reihenhäusern zu sagen, wie schön das Leben sei.

Denn da war keine Freude, die in farbiges Papier gestanzt und verklebt und dabei Gefühle imitiert, die er jetzt nur hier, im Wald mit ihr, der Frau empfindet, deren Kragen manchmal chaotisch nach innen geschlagen ist, und die aufgeschnittene Socken trägt, wenn es kalt ist, weil sie die Handschuhe nicht findet. Die über seine Scherze lacht. Nicht weil sie gut sind oder aus Höflichkeit. Sondern weil sie merkt, wie viel Mühe er darauf verwandt hat, sich die auszudenken. Weil sie das charmant findet und es sie berührt.

Ihr Haar ist oft vom Wind zerzaust und er hebt manchmal die Hand, um ihr Gesicht frei zu streicheln, ohne es je zu berühren. Ihre Augen erzählen ihm von Sehnsüchten, ohne dass die Lippen sie formen, und dennoch hören sie beide, was sie einander nicht sagen.

Seit einer Stunde sitzt er vor dem Computer und starrt auf den Bildschirm, während Facebook wissen will, wie sein

Status sei. Greige will er schreiben. Das Wort hatte ihn seine Frau gelehrt. Eine Farbe zwischen Grau und Beige. Ihm gefiel nicht die Farbe, aber das Wort, ausgesprochen: »gräisch«. Wie ein Grau mit einem eingefrorenen »Kreisch«, wenn man es von den Lippen lässt. Er fixiert das erfrischend leere Schreibfeld von Facebook, registriert die personalisierten Werbemeldungen, die rechts und links am Rand aufblinken, von Bastelbögen mit vorgestanzten Floramotiven. Seine Frau war wohl an seinem PC gewesen.

Er schaltet den Computer aus, ohne das Programm herunterzufahren.

Und dann wieder diese Sehnsucht im Wald. Die Kostbarkeit eines Lächelns, die Berührung eines Blicks und die Macht der Träume, die dir plötzlich entgegenschreien, dass selbst der PS-starke Firmenwagen nicht das Herzrasen bewirken kann, wie ihre Finger, in einen fransigen Strumpf gehüllt, die leicht seinen Arm berühren, und ihm zeigen, sie habe ihn gesehen. Ihn. Pur.

Familienfoto beim Grillen mit Pappmachéwürstchen als Deko. »Lecker« ist darüber gestempelt und thront über einem Bombardement der Begeisterung im Gästebuch: »Oh, Ihr seid aber eine glückliche Familie«, schreibt Tanja1973 und Bastelschnecke2010 findet, sie seien alle gesegnet.

Als er das Dachfenster öffnet, trägt ihm die Nachtbrise den Waldduft in sein kleines Zimmer. Er kniet sich auf das Bord und pinkelt aus der Luke. Im Dunkeln kann er die Spuren auf der Fassade nicht sehen.

Wochenends ist er mit der Wäsche dran und betrachtet die Flaschenarmee im Keller: Waschmittel, Weichspüler, Desinfektionsmittel, Bleicher – dieses und jenes müsse kombiniert werden, anderes dürfe man nicht mixen. Und er denkt, wenn das alles so einfach wäre in seinem Leben. Nur dieses und jenes mixen oder aber eben nicht und alles würde wieder blütenrein.

Er kippt von allem etwas in die Waschmaschine und stellt sie an. Bei der Wahl der Temperatur schließt er die Augen, als drehe er ein Glücksrad.

Vor dem Flurspiegel betrachtet er sich, sieht seine Falten. Wie Risse im Putz, denkt er. Der Bart fein gestutzt, symmetrisch wie sein Rasen. Und grau. Wann war der denn grau geworden? Das hat er gar nicht mitbekommen. Er nimmt die Brille ab und reibt über die Abdrücke auf seiner Nase. Er setzt die Gläser wieder auf und kann sich nicht mehr in die Augen schauen.

Nachts hört er ein Wimmern aus dem Bastelzimmer. Spaltbreit öffnet er die Tür und sieht seine Gattin an ihrem Schreibtisch sitzen. Die Hände maskieren ihr Gesicht, farbig angeleuchtet durch den Bildschirm. Glitzerpartikel auf ihrer Stirn. Tränen haben ein eigenes Layout auf die Bastelbögen unter ihren Ellenbogen gebatikt. Er schließt unbemerkt die Tür und fühlt sich greige.

Tags darauf malt die Puderquaste seiner Frau ein glückliches Strahlen ins Gesicht. Sie lächelt ihn mit den schmucken Zähnen an, die er bezahlt hat, und er fragt sich, ob er zurücklächeln solle. In der Reflexion der Fensterscheibe sieht er, dass er es schon tut.

Seine Sporttasche steht fertig gepackt neben ihm auf dem Beifahrersitz. Die Hände auf dem Lenkrad, die Knöchel weiß. Er atmet durch, lehnt für einen Moment die Stirn an das kühle Leder. Einfach gehen.

Das Klopfen an der Scheibe lässt ihn seine Spucke verschlucken. Er hustet noch immer, nachdem die Gattin die Autotür geöffnet hat, und auf seinen Rücken klopft wie einem alten Gaul. Ihr Blick fällt auf die pralle Tasche. Stirnrunzeln. Sie schweigt einen Moment. Atmet aus. Ein. Ihre Stimme klingt gefasst, als sie endlich spricht. Fest. Er hat immer noch Schmerzen im Hals, während er sie durch das Rauschen seines Blutes hört und nicht ansehen mag.

»Schatz, bringst du uns nach dem Sport einen Döner mit?«

Sie schweigen. Keine Stille durch das Rauschen. Er zögert. Nur einen Moment.

»Ja, Schatz«.

Sie nickt und kehrt in das Reihenhaus zurück. In das mittlere, eigentlich das Unattraktivste laut Makler, da ohne Endwand, aber dafür das Sauberste, Dekorierteste und mit Liebe Gefüllteste in der ganzen Straße! Das hat er im Blog seiner Frau gelesen und Bastelschnecke2010 sieht das genauso.

LICHTQUADRATE

Nicht Ödön entschied sich für den Umzug in die Großstadt, das taten andere für ihn. »Dialog« hieß das Projekt seiner Firma, für das Mitarbeiter aus ländlichen Regionen in die Stadt beordert wurden, um deren Horizont zu erweitern und sie »vor Ort am Puls der Zeit« einzusetzen. Wie das mit dem Horizont zwischen den Hochhäusern ginge, fragte sich Ödön, und kein Großstädter trat bis dato in einen Dialog mit ihm, es sei denn, er wurde nach einer Kippe oder einem Euro gefragt.

Seine Wohnung war in einem mehrstöckigen Backsteinblock beherbergt, der direkt an den Bürgersteig grenzte, sodass keinerlei Streifen Grün für rurale Träume blieb.

Wenn man vorher wie Ödön dörflich wohnte, eingebettet zwischen Nachbarn, die selbst den Status seiner Zahnpastatube wussten, irritierten die fehlende Neugier und die fremden Sprachen der Anwohner, die er zwar täglich hörte, die jedoch nie das Wort an ihn richteten. Zum ersten Mal in seinem Leben verstand Ödön die Jugend, die ihre Haare zu bunten Irokesenkämmen formte.

»Sonst wird man hier nicht wahrgenommen«, dachte er, beschnitt jedoch sofort jeden Gedanken, seine Kurzhaarfrisur zu wandeln.

Zweimal am Tag führte Ödöns Weg zum Bahnhof und zurück. Er absolvierte einen Slalom um die eiligen Städter, die alle gezielter als er wussten, andere Passanten und Hundehaufen auf dem Bürgersteig zu umgehen.

In unmittelbarer Nähe seines Blocks befand sich ein Mehrfamilienhaus und dort, wo die Arme der Graffitisprayer nicht mehr hinlangten, lehnte täglich eine alte Frau am offenen Fenster und starrte hinaus.

In den ersten Wochen seiner Verstädterung spürte Ödön die Blicke der Greisin nur instinktiv wie eine kribbelnde Idee, er sei vielleicht doch nicht allein in diesem Strom von Leibern zur Bahnstation und zurück.

Aus den Augenwinkeln meinte er, ein Lächeln zu sehen, so selten in der Stadt wie eine Flaschenpost im Häusermeer, und er blickte hinauf und sah die Alte am Fenster. Ihre grauen Haare waren im Nacken zusammengebunden und eine Strähne tanzte gelöst auf ihrer Wange, während sich ihr Gesicht nach unten wandte.

Ödön jubilierte mit erhobenen Brauen und Mundwinkeln: Endlich sah ihn jemand! Eingehüllt in den Tarnmantel des Durchschnittsbürgers schien bisher niemand von seiner Existenz Notiz genommen zu haben. Er lächelte nach oben.

Das Gesicht der Frau blieb unberührt, auch wenn ihre Augen an ihm hafteten.

Am nächsten Tag ging er fröhlich pfeifend zur Arbeit, freute sich auf ihren Blick und schaute schon von weitem, ob die alte Dame wieder im Rahmen lehnte. Ödön trällerte ein fröhliches »Guten Morgen« zu ihr hinauf. Die Alte reagierte nicht, starrte weiter zu ihm in den Abgrund, als wisse er nicht, dass er an einem stand.

Während der Bahnfahrt war quälende Grübelei ein blinder Passagier an seiner Seite und bedrängte ihn auch bei der Arbeit weiterhin mit der Frage, warum sie nicht zurückgegrüßt habe. Auf der Rückfahrt fand er endlich die Antwort: Sie musste schwerhörig sein! Frohgemut schlenderte er an ihrem Fenster vorbei, winkte ihr ungestüm mit beiden Armen zu, bis die Schultern schmerzten. Kein Lächeln auf ihren Lippen. Niedergeschlagen ging Ödön nach Hause.

Im Treppenhaus traf er einen Nachbarn und fragte ihn, ob er eine nebenan wohnende Alte kenne, aber der Mann steckte sich verkehrt herum eine Zigarette in den Mund, wischte sich eine fettige Strähne aus dem Gesicht und fabulierte, ob sie nicht alle Wesen in der Nachbarschaft des Alters seien.

In den nächsten Wochen versuchte Ödön, die alte Frau zu einer Gesichtsregung zu bewegen. Egal ob am Morgen oder Abend, er grüßte, lächelte, ruderte mit den Armen, pfiff, schnalzte, schwenkte ein Taschentuch oder blieb stehen und ließ ihren Blick wie kalten Regen auf sich prasseln.

Die Alte blieb undurchschaubar, starrte mal ihn an, mal in die Ferne, verschwand für Sekunden im Zimmer, um danach mit einem karierten Taschentuch wieder aufzutauchen und sich volltönig die Nase zu putzen.

Die Haustür öffnete sich neben Ödön und er fragte die Frau, die mit bunten Nägeln einen Kinderwagen auf den Gehsteig hievte, ob sie die Oma im ersten Stock kennen würde. Das Kind in der Karre weinte und die Hände der jungen Frau flatterten hektisch zwischen seiner Brust und ihrem Gesicht, sodass sie Ödön wie Moskitos umschwirrten, die er am liebsten mit katschenden Händen erledigt hätte.

»Weg!«, plärrte die Angesprochene, »Nix! Weg hier!«, fuhr mit dem Kinderwagen über seinen Fuß und ließ ihn frustriert zurück.

Am Abend hielt er erneut inne. Als er gerade winkend nach oben schauen wollte, flog die Haustür auf und ein Mann, der mit breiten tätowierten Schultern seitlich durch den Türrahmen gehen musste, stürmte heraus. Er solle seine Frau nicht angraben, brüllte der, während seine Pranke am muskulösen Arm Ödön am Schlafittchen packte und ihn in die Gasse schleuderte.

Am Boden liegend, fiel Ödöns Blick auf einen mit Stickern gepflasterten Papierkorb am Bürgersteig. »Lieb sein« las er da und dachte, welch Ironie.

Er rollte sich auf die Knie und stand auf. Ob die Alte ihn beobachtet hatte? Er klopfte sich den Dreck von der Hose. Vielleicht hatte sie Mitleid mit ihm und würde ihn hereinbitten. Er stellte sich vor, wie er ihr an einer Kaffeetafel lachend von diesem Vorfall erzähle. »Lieb sein« wäre seine Pointe und dass man in seinem Dorf solche Sticker nicht bräuchte. Ödön mied jedoch einen Fensterblick, da die Wangen noch rot vor Scham waren, aber er hoffte, ein leises Hallo aus ihrem Mund zu hören. Vergeblich.

Die nächsten Wochen traute er sich nur noch auf der gegenüberliegenden Straßenseite am Haus der Alten vorbeizugehen. Sah sie aus der Ferne in seine Richtung starren und wurde wütend auf den Tattoo-Mann, der ihn seiner einzigen menschlichen Bindung beraubt hatte.

Er kaufte sich einen Hut, der sein Gesicht in Schatten tunkte und einen neuen Mantel in Mausgrau, um sich von dem betonfarbigen Gehwegplatten nicht sonderlich abzuheben.

Als er eines Abends das Licht im Zimmer der Alten brennen sah und nur ihre Silhouette erkannte, wagte er sich wieder, unter ihrem Fenster entlangzugehen. Er ließ ein weiteres Hallo wie eine Seifenblase nach oben steigen. Sie platzte unbeachtet. Er fühlte sich gedemütigt und verlassen in dieser großen Stadt, die ihm nichts gab, außer einem Grund für seine Einsamkeit.

Der Nachbar polterte im Treppenhaus. Als Ödön in den Flur trat und fragte, ob er Hilfe bräuchte, antwortete der Torkelnde, ob wir nicht alle hilfesuchend im Universum seien, und trottete hinaus.

Am nächsten Tag ignorierte Ödön die Alte. Es war heimlich Herbst geworden, kaum zu entdecken in der Stadt, in der die Bäume nur an wenigen Orten ihre Blätter auf den Bürgersteig spuckten, als wolle die Natur, dezent auf sich aufmerksam machen.

Die Tage verkürzten sich auf seine Arbeitszeit und Ödön verließ in der Finsternis das Haus, und im Dunkeln das Büro. Die Zimmerlampe der Alten malte einen eckigen Fleck auf den Bürgersteig und er sah nicht auf, als er ihn durchschritt. Den Kragen hochgeschlagen, versuchte er ihren Blick nicht in seinen Nacken rieseln zu lassen. Am Abend wiederholte er das und wandelte Frustration in ein

Ritual, das der Alten hoffentlich offenbarte, wie wichtig auch er in ihrem Leben sei.

Nachts stand Ödön an seinem Küchenfenster, das Rollo züchtig unterm Sturz gezähmt. Nur die Schnur baumelte hinab an seiner Schläfe, wie einst die Strähne im Gesicht der unbekannten alten Frau. Er blickte auf den Bürgersteig und fragte sich, ob jemand seinen Lichtfleck auf den Gehwegplatten durchschreiten würde und wissen wolle, wer in diesem Lichtquadrat lebe. Ob man ihn vermisste, wenn die Lampe stetig brannte, oder aber eben nicht.

Am übernächsten Tag stieß er vor der Haustür der Alten mit dem Tattoo-Mann zusammen. Der reagierte nicht auf den Zusammenprall und Ödön fragte sich, ob er im mausgrauen Mantel auf Beton tatsächlich unsichtbar war.

In einer schlaflosen Nacht flockte die Erkenntnis in sein Bewusstsein, dass dies der Grund sein müsse, warum die Alte ihn missachtete.

Am Morgen schlang er sich einen leuchtend roten Schal um seinen Hals und ließ den Hut daheim. Vor ihrem Haus flatterte der Schal hinter ihm her, als er das Gesicht nach oben wandte. Das Licht ihrer Wohnung erhellte in der Früh als Einziges die Fassade. Aber ohne sie.

Bei der Arbeit verschwammen die Zahlen auf dem Papier. Auf dem Heimweg rannte er zu ihrem Block. Jedes Fenster war beleuchtet, auch ihres. Aber er sah sie nicht. Auf ihrem Lichtfleck auf dem Gehweg lag ein zertretener Döner. Ödön schob den Brei mit groben Flüchen aus dem hellen Quadrat, als habe jemand das Antlitz der Alten besudelt.

An der Haustür klingelte er an allen Knöpfen, in der Hoffnung, ihr Kopf würde zum Fenster schweben, um ihn zu entdecken, vielleicht wohlwollend, weil er sie vom Kalbgeschnetzelten befreit hatte. Köpfe schwebten in der Tat an die Fenster, und zwar jede Menge, die in verschiedenen Stimmlagen auf ihn hinunter schimpften.

Wie lange war die Alte wohl schon nicht mehr da?

Ein hoffnungsgroßes Quadrat aus Licht auf dem Gehsteig wurde auch am nächsten Tag nicht durch ihre Silhouette belohnt. Und nicht am Übernächsten und Überübernächsten. Ödöns Gedanken parkten alleinig bei der verwaisten Fensterbank.

Er konzentrierte sich bei der Arbeit nicht mehr, buchte dieses und jenes, ohne dieses oder jenes wahrzunehmen. Kam er auf dem Heimweg an ihrem Fenster vorbei, stellte er sich in das Lichtquadrat, als bewohne er das Heim der Alten; verweilte dort, in der Hoffnung, ihren Schatten zu sehen, ihr Profil, dass sich Richtung Scheibe bewegen würde, um ihn wahrzunehmen. Und dann tröstete ihn das helle Rechteck am Boden für einen kurzen Augenblick.

Er aß kaum noch, verbrachte schlaflose Nächte. Raufte sich die Haare und fiel nicht mehr auf, wenn er den anderen Hausgenossen begegnete.

Ödön ließ sich krankschreiben, ertrug es aber nicht, daheim zu verharren. Stattdessen patrouillierte er täglich vor dem Haus der Alten und fiel nicht auf zwischen all den Anwohnern, die trotz Kälte rauchend vor den Blöcken standen und einen ungepflegten Stadtstreicher in mausgrau kaum von den farblosen Gehwegplatten unterscheiden konnten.

Eines Abends wusste Ödön plötzlich, warum bei der Alten das Licht Tag und Nacht brannte, ohne ein sichtbares Lebenszeichen von ihr. Ohne Leben kein Zeichen! Ödön warf sich nicht mal die Jacke um, als er auf die Straße stürmte. Vor ihrem Haus angekommen, gab er ihrem Lichtquadrat noch eine Chance. Vergeblich. Die Haustür öffnete sich, ein Mann verließ das Haus und Ödön schlüpfte hinein.

Ihre Wohnungstür fand er mit Leichtigkeit, ruckelte an dem Griff, zerrte an der Tür und wie von Geisterhand klappte sie nach innen auf. Er betrat ohne Zaudern das Reich der Greisin, die Nase vorgestreckt, in Erwartung von Verwesungsdüften oder aber bereit für einen Akt von rettendem Heldentum.

Nach drei Schritten wurde es schwarz um ihn.

Ein krachendes Geräusch entstand an seinem Hinterkopf, als die alte Frau Selig die Bratpfanne auf Ödöns Kopf schmetterte. Mit einem Kampfesschrei drosch sie auf ihn ein und kreischte: »Eine alte Frau überfallen, du Dreckskerl! Hast mich wochenlang ausspioniert! Ich bin vielleicht blind, du Widerling, aber bei weitem nicht taub!«

Und Ödön verließ im selben Augenblick die Großstadt, die ihn nie willkommen geheißen hatte, und trat in einen Dialog mit seinem Schöpfer, direkt vor Ort, hinter dem Horizont, allerdings ohne Puls.

Wieder einmal war das nicht Ödöns Entscheidung gewesen.

Der Lichtfleck auf dem Bürgersteig vor seinem Haus wurde die nächsten Monate unbemerkt durchschritten, bis die Stadtwerke Ödön den Strom abstellten und sein Lichtquadrat verschwand.

LEBERWURSTKÜSSE

Hella betrachtete ihre Stiefel. Konfetti hatte sich zwischen den Schnürsenkeln verfangen. Lauter goldfarbene Sechziger. Die restlichen Schnipsel hatte Claudia bereits mit dem Staubsauger entfernt, bevor sie ihrer Mutter auf die Wange küsste, ihrem Vater durch die Badezimmertür »Tschüss« zurief, und die Wohnung verließ.

Jürgen war schon seit einer halben Stunde auf der Toilette. Verständlich, dass Claudia nicht mehr warten mochte.

Den ganzen Vormittag war sie da gewesen und hatte den Empfang organisiert, die Gäste bewirtet und dem Bürgermeister einen Stuhl vor das Jubilar-Paar geschoben, damit beim Überreichen der Urkunde zur Diamanten-Hochzeit der Würdenträger nicht auf ihre Eltern herabsah.

Hella stampfte leicht mit dem Fuß auf, aber kein einziger goldener Sechziger verlor den Halt. Wenn Jürgen irgendwann wieder aus dem Badezimmer käme, würde sie ihn bitten, die Klettverschlüsse der orthopädischen Stiefel zu lösen und ihr die Schuhe abzuziehen. Das konnte er noch gut, auch wenn die Augen trüb geworden waren. Wenn sie ihm mit der Stimme führte, fand er sich wunderbar zurecht, auch ohne sich an den Möbeln entlang zu hangeln. Sie betrachtete den Weg, den er gehen würde, schwiege sie.

Seine Hand, immer noch wohlgeformt und geschmeidig, nur die Haut in Falten und mit Flecken versehen, hielten vermutlich an der Flurwand vor der offenen Wohnzimmertür inne. Würden den Rahmen umfassen, anschließend an dem Sideboard verweilen, bis er einen weiteren Schritt zum runden Tisch vor mache, der, seitdem Sofa und Sessel von Claudias Mann erhöht wurden, als Couchtisch fungierte.

»Claudia?«, rief Jürgen durch die geschlossene Tür.

»Claudia ist schon weg!« Hella schloss kurz die Augen und holte tief Luft. »Brauchst du Hilfe?«

»Nein, nein«, Jürgens Worte wurden durch das Geräusch der Toilettenspülung unterbrochen.

›Warum lässt er nicht die Finger von den Weintrauben‹, dachte Hella und wünschte sich, ihre Tochter hätte keine Käseplatten mitgebracht.

So viele Leute waren gekommen. Die Mitarbeiterinnen der Wohnanlage, ihr Hausarzt, zwei Geistliche, die wenigen Freunde, die sie bereits kannten, als Jürgens Zähne noch bei ihm im Bett schliefen und nicht in einem Glas daneben.

Heute ist das bei den meisten nicht mehr so. Stiftzähne, Implantate. Claudias Mann fertigte so etwas in seinem Labor, aber für Jürgen war das Geldverschwendung.

»Was für ein netter alter Herr«, hatte Jürgen geschwärmt, als der letzte Gast gegangen war, und erst dachte Hella, er meinte den Bürgermeister und nicht den Geistlichen. Auch Jürgens Gedächtnis wurde trüb und sie hatte am Vormittag aufgehört, seine geflüsterten Fragen zu beantworten, wer das nochmal war und warum die Leute in seinem Wohnzimmer seien.

Aus dem Badezimmer war nichts mehr zu hören.

»Brauchst du Hilfe?«, fragte sie erneut und hörte nur ein Poltern. Neben ihrem Sessel gab es einen Notfallknopf und sie überlegte, ihn zu drücken, auch wenn es vermutlich kein Notfall war. Die Pflegerin, die für ihre Etage zuständig war, würde anrufen und mit genervter Stimme fragen, was los sei und sie auffordern, selbst nachzuschauen.

Aber was wäre, wenn es wirklich ein Notfall wäre. Was wäre, wenn sie jetzt allein wäre. Ohne Jürgen …

Sie machte oft das Was-wäre-wenn-Spiel, genaugenommen mehr als sechzig Jahre. Was wäre, wenn sie damals nicht den Bus genommen hätte, sondern mit dem Rad zur neuen Schule gefahren wäre? Was wäre, wenn Jürgen nicht seinen kleinen Bruder noch hätte versorgen müssen, stattdessen gemächlich zur ersten Stunde geschlendert wäre? Wenn sie nicht zeitgleich an dem unbekannten Gebäude am ersten Schultag nach den Ferien angekommen wären? Nicht synchron, beide fremd, in dem neuen Klassengefüge Platz genommen hätten? Vorne, weil vorne niemand sitzen mochte und es sonst nirgends freie Stühle gab.

Was, wenn er nicht seine Stullen geteilt hätte, weil Mutter ihr nichts mitgegeben hatte und was, wenn sie zugegeben hätte, dass sie Leberwurst nicht mochte?

Sie hatte immer ja gesagt zu allem, was Jürgen vorschlug. Dem Abschreiben, den gestohlenen Stunden auf der Wiese außerhalb des Dorfes. Den Kränzen aus Gänseblümchen und den Bissen in den wilden sauren Rhabarber. Selbst bei den erforschenden Händen hat sie nicht abgelehnt, obwohl Jürgen offenkundig nur mit ihr üben wollte.

Was wäre, wenn sie abgelehnt hätte? Einen Kuss nur für sich eingefordert hätte. So viele *Hätte* …

Dann kam Eddie in ihr beider Leben. Er sah besser aus als Jürgen und Eddie wusste das. Er neckte Hella, zog ihr an den Haaren und sie zog sich zurück, wenn die Jungs miteinander balgten. Ringen nannten die das. Schwitzkasten. Brustklemme. Sie beobachtete die beiden dabei, während die Monate rasend schnell vorbeizogen wie die Bauschewolken am Himmel.

Es stimmte nicht, dass in der Jugend die Zeit endlos schien. Die Zeit rauschte vorbei, ohne zu berauschen, wenn das Fehlende mehr Raum einnahm, als die Fantasie zu füllen in der Lage war.

Hella wünschte sich auch eine Umarmung, wollte unter einem der beiden liegen und schwitzen. Wenn sie durfte, dann würde sie Jürgen wählen, denn Leberwurst konnte auch etwas Symbolisches sein.

Was wäre, wenn Eddie in der Pause nicht auf Jürgen und Hella gewartet hätte? Nicht mit ihnen für den Realschulabschluss gelernt (er machte ja bereits Abitur), nicht mit ihnen abwechselnd Mofa gefahren wäre?

Ihre Sandalen im Staub des Feldweges, als sie auf die beiden wartete. Sie die Lerchen zählte, die über den Feldern flatterten, ihren Gesang hörte – der ewige Begleiter des Wartens.

Was wäre, wenn Eddie sich nicht entschieden hätte, fortzugehen, zu studieren, Priester zu werden?

Was wäre, wenn Jürgen auch Abitur gemacht hätte, anstatt den Friseurladen seines Vaters zu übernehmen?

Nachdem Eddie Jürgen wieder abgeliefert hatte, nahm Hella auf dem Gepäckträger der Mofa Platz und umschlang Eddies warmen Körper, der trotz des kühlenden Fahrtwindes sich schwitzig anfühlte. Sie umfuhren das Dorf, weitläufig, damit niemand sie sah und ihrer Mutter davon erzählen konnte. Hellas Wange an Eddies Rücken. Der grobe Stoff hinterließ Abdrücke auf der Haut. Wenn sie wiederkamen, sahen sie Jürgen nicht gleich, wussten aber, er war da. Meist lag er dösend im Feld in einer Bucht aus platt gedrückten Ähren, in der Nähe des Weges.

Eddie verabschiedete sich, ohne abzusteigen, und Hella legte sich in die würzige Mulde von Jürgens Armbeuge, den Kopf auf seiner Brust und hörte ihm beim Atmen zu.

Mit jedem Sommertag wurde der trauriger, und als Eddie weg zum Studieren musste, küsste Jürgen Hella im gemeinsamen Kokon aus Korn und da kam ihr der Einfall.

Die Liebe ist ein seltsames Spiel, hatte Connie Francis damals gesungen und da wuchs die Idee einfach in ihrem Kopf. Da wusste Hella, dass es richtig war. Sie war verliebt gewesen, auch wenn Jürgens Küsse nach Abwesenheit schmeckten und nicht so zielstrebig wie Eddies waren. Die großen Hände, die immer nach Chemie rochen, holperten, stockten, verhakten sich auf Hellas Körper. Sie wussten es ja nicht besser. Die Hände auch nicht. So sollte es doch sein, immer mit ein bisschen Schmerz, na ja gut, es tat halt weh, das Liebe machen. Aber tat die Liebe nicht immer weh, besangen das nicht alle?

Hella hatte gedacht, sie würde Jürgen schon ändern. Auch als ihr bewusst wurde, dass Eddie für Jürgen nicht nur ein Freund war. Aber wie hätte das gehen sollen, das Mehrfreundsein? So etwas gab es nicht. Und dennoch war Eddie immer da, auch in seiner Abwesenheit.

Was wäre, wenn Jürgen abgelehnt hätte? Zu Hella nein gesagt hätte? Wenn sie gegangen wäre? Dann hätte sie alles aufgeben müssen, was sie sich wünschte. Und später. Was wäre, wenn er dann erst nein gesagt hätte? Es hätte noch mehr zu verlieren gegeben: das Haus, die Kinder, Claudia und Emil, auch wenn ihr Sohn heutzutage nur noch selten die Eltern besuchte. Hätte, hätte, Mofakette.

Emil besaß die blauen Augen seines Vaters, noch ungetrübt. Natürlich suchten die das Weite anstatt in einem betreuten Wohnen, die Räume nach vergessenen Unrat ab.

Der Umzug war nicht leicht gewesen. Es war so, als verwehrte Jürgens Vergesslichkeit Hella die Belohnung. Kein gemütlicher Lebensabend. Kein: Weißt du noch? Vielmehr ein Überleben zwischen orthopädischer Matratze, Sessel und Toilettensitzerhöhung. Kein gemeinsames Erinnern an Feldbetten, das mit dem moderigen Geruch der Erde, den Zwitschern der Lerchen zu tun hatte.

Jürgen war beim Militär gewesen, Eddie brauchte nicht. Die Knie waren bereits kaputt vom vielen Beten.

Keine Bonbons des Erinnerns für Hella. Wie sehr wünschte sie sich mit Jürgen ein »Weißt du noch?«

Unvollendete Sätze, wenn sie nur etwas sehen mussten, um gemeinsam zu lachen, ein Zwinkern reichte, die Witze so vertraut, da machte es auch nichts, dass die Küsse nach Leberwurst schmeckten.

Es war still im Bad. Ist man mit achtzig Jahren zu alt für einen Neuanfang? Was würde sie tun? Sie war wieder gut zu Fuß mit den neuen Stiefeln. Gucken ging auch, niemand sah Hella das Alter an. Sie wurde immer auf Anfang siebzig geschätzt.

Gerne ging sie ins Konzert. Allein. Unerwartete Töne stressten Jürgen. Hella hatte damals Klavierunterricht bei Eddie gehabt. Aber beim Umzug in das betreute Wohnen kam das Klavier nicht mit. Was wäre, wenn die Töne zum Dimmen gewesen wären? Ihre Sehnsucht dimmte sie doch auch.

Manchmal saß Hella am Küchentisch und ließ die Finger auf der Platte einer Melodie folgen, die nur sie hörte. Ab und an saß Jürgen daneben und lächelte. Dann fragte er nach Eddie.

Was wäre, wenn Jürgen jetzt tot auf dem Klo säße? Dann könnte sie auch einfach weggehen. Das Bargeld nehmen, sich ein Taxi rufen, und in die Sonne fliegen. Das war so schön gewesen, als sie mit ihrer Tochter auf den Kanaren war. Ein Geschenk zum Hochzeitstag von Claudia. Aber Hella hatte abgewunken. Für Papa sei das nichts, hatte sie gesagt. Er würde sich dort nicht zurechtfinden. Schon hier war es schwierig, aber zu Hause ging es gar nicht mehr, zu viele Türen ins Freie.

Auf den Kanaren, das war die schönste Woche ihres Lebens mit Claudia.

Ein Rülpser vom Klo. Erneut die Spülung. Erleichtert stand Hella auf und ging zu Jürgen. Er hatte schon die Hände gewaschen. Heute war nicht der beste und nicht der schlechteste Tag. Wie seine Küsse damals, als sie auf die Idee kam und ihn fragte, ob sie heiraten wollten.

Hella hakte ihren Mann unter, zog ihn aus dem Bad und führte Jürgen zum Sofa. Er saß da, war klein geworden, schrumpelte seit Jahren direkt vor ihren Augen.

»Ach ja«, seufzte, er.

»War schön heute«, sagte sie.

»Ach ja«, sagte Jürgen.

»Claudia hat das toll gemacht, nicht wahr?«, fragte sie, und er nickte, hob den Kopf zum Fenster. Vermutlich sah er nur das Licht, ein Leuchtquadrat, aber was wäre, wenn es eine Luke in die Vergangenheit wäre? Mit dem Erinnern war es wie mit dem Käse: Je älter, der war, desto intensiver roch er. »Feldlerche«, sagte Jürgen manchmal und kaute einen imaginären Halm.

»Warum war Eddie nicht da?« Jürgens Hände walkten sich auf dem Schoß, seine Augen feucht. Die waren allerdings oft feucht, schimmerten und versprachen eine Empathie, die Hella in ihrem Leben vermisste. Außerdem war er schon immer eine Heulsuse gewesen, bei Musik, der Einschulung von Claudia, ihrer Heirat mit dem Thomas, der so weiße Zähne hatte und immer »meine Visitenkarte« verkündete, wenn ihn jemand darauf ansprach.

Wenn Eddie zu Besuch kam oder Jürgen abholte, das Gesicht genauso vertraut wie das ihres Mannes, schloss Hella die Tür hinter den beiden und seufzte, wenn Jürgen später wieder aufschloss und sich zu ihr auf das Sofa setzte.

War Eddie in Klausur, war Hella im Geheimen froh, Jürgen nicht mehr teilen zu müssen, auch wenn dessen Hände unruhig an den Hosenbeinen rieben. Der Sonntagabend gehörte dann wieder ihnen. Tatort, Rotwein vom Rewe, Tiefkühl-Pommes, rot-weiß. Danach die Nachrichten und mit dem Weltgeschehen im Ohr ging es ab ins Bett. Tschernobyl, Mauerfall, die Grünen, Merkel, Pandemie. Ein

Wort wie ausgedacht. Ukraine Krieg, Putin. Erinnerungen. Memo: Claudia bitten, Mehl zu kaufen.

Eddie kehrte all die Jahre immer wieder zurück, und sie nahmen es beide hin, Hella und Jürgen, dass Hella wieder allein Krimi guckte und sich zwang, Schlaf vorzutäuschen, wenn Jürgen die Haustür aufschloss und duschen ging.

Immerhin kam Jürgen zurück, blieb bei ihr, Hella seiner Frau, die schließlich diese Idee des Heiratens gehabt hatte, und Jürgen hielt sie aufrecht, obwohl das Mehrfreundsein unter Männern mittlerweile es schon ins Fernsehen geschafft hatte und Hella nicht wusste, wem er noch etwas vormachen wollte.

Jürgen kehrte heim, blieb, ging, kam – ein Kreislauf der Jahrzehnte. Was wäre, wenn niemand mehr käme, weder zurück noch neben oder auf oder in ihr, wo sie es schon lange nicht mehr mochte? Irgendwann sollte die Liebe aufhören, weh zu tun.

Auch wenn Hella ihn unterstützte, sich in Wohnung und Kopf zurechtzufinden, wusste sie, dass Jürgen nie wirklich bei ihr gewesen war – nicht einmal die ersten der sechzig Jahre. Mittlerweile half sie ihm nicht bei allem, sich zu erinnern.

»Eddie«, sagte Jürgen jetzt wieder, »warum war er nicht da?«.

Sie nahm seine Hand. Eddie. Das war ihre Idee gewesen. Sie hatte ihn, Jürgen, gewollt – Eddie war der Klebstoff, der ihren Mann an ihr hielt.

»Schatz, er war da.« Hella setzte sich zu ihm. »Der nette alte Herr. Das war Eddie.«

Jürgens Augen wanderten zu ihrer Hand, die seine hielt. Die konnte er noch sehen, da war sie sich sicher. Hella lächelte ihn an, als er den Kopf hob und sie musterte. Was wäre, wenn sie jetzt ginge? Einen anderen Weg. Keine Leberwurstküsse. Eine Etage tiefer wohnte der adrette Herr Mahlzahn. Der hatte noch volles Haar und ein Lächeln, das ihren Körper kribbeln ließ. Was wäre, wenn sie im Aufzug einfach einen anderen Knopf drückte und versuchte, andere Küsse zu schmecken?

»Eddie war da?«, wiederholte Jürgen und Hella nickte. Sie schwiegen einen Moment.

»Du spinnst«, sagte er in die Stille, kicherte und berührte die Haut ihrer Hand flüchtig mit den Lippen, »Hella, du wirst tüttelig!«

ELDAS ERINNERUNGEN

Oft tat mir der Magen weh von den zornigen Worten, die immer meinen Mund verlassen wollten, wenn ich auf Mama und Elda traf. Ich schluckte sie herunter, verschluckte mich, schluckte noch mehr – die Scham, die Eifersucht und auch die Kränkungen, die durch Mamas Schweigen wuchsen, je länger ich über die beiden nachdachte. In solchen Momenten sagte ich: »Mama, ich liebe dich!« Nicht wegen Mama, sondern damit meine Schmerzen aufhörten. Die Hoffnung auf ein Lächeln, ein »Dito«, irgendwas. Ein »Tut mir leid«, das niemals kam.

Mama zuckte meist nur mit den Achseln, wenn überhaupt, kämmte Elda die Haare, betrachtete ihre Fingernägel oder kreischte, weil ihre Lieblingssendung im Fernsehen begann.

Elda hingegen spießte mich mit ihrem Blick auf. Mitten durch den Leib, irgendwo in der Herzgegend. Und das schaffte sie bewegungslos, egal wo ich mich im Raum befand. Ihre Augen verfolgten mich wie bei einem Bild großer Meister, ohne, dass sie sich rühren musste. Das konnte sie schließlich auch nicht. Sie war zur Starre verdammt.

Wenn Mama in den Fernseher stierte, schlackerte ich unmerklich mit beiden Armen, nur um mir zu beweisen, dass ich es konnte und Elda nicht. Denn Elda war eine Puppe.

Sie war kaum älter als ich, nur wenige Jahre, geschaffen in jugendlicher Form, hatte sie jetzt, nach mehr als vierzig Jahren, immer noch das Gesicht eines frühreifen Mädchens mit blondem Haar, das spröde von ihrem Kopf abstand.

Das viele Kämmen hatte es ausgedünnt und durch die Kunststofffäden schimmerten dunkle Löcher wie die bei einem Sieb.

»Das bin ich!«, sagte Mama schon lange nicht mehr verzückt. Ich vermutete, ihr war das lichte Haar auch aufgefallen.

Als Teenager war Mama ein berühmter Kinderstar gewesen. Keine Mutter lebte mehr, die sie abhielt, diesen Weg zu gehen, strahlte sie nur noch als einziges Licht im Universum ihres Vaters. Ihre zarte Hand in seiner. Ein fester Griff, ein zäher Wille, und sie war seinen Anweisungen gefolgt.

Gern teilte er ihre Schönheit, wie sie mir verriet, sollte die Welt bloß sehen, was für einen Schatz er besaß.

Ihr Vater war Geheimnisträger einer Haferflockenfirma. Unwillkommen bei Tag, denn er war für die Mäuse zuständig, die fachmännisch vergast wurden, um die Haferbestände zu sichern. Mit solch einer Arbeit konnte man nicht prahlen. Mit einer schönen Tochter schon.

»Eldas schönste Erinnerung« hieß der Kinofilm und war ein großer Erfolg. Mama wurde ein gefeierter Liebling der Medien, wie die vergilbten Zeitungsartikeln an den Wänden verrieten, das Papier nun wellig, der Druck verblasst.

Als Kind hatte ich erfolglos versucht, das Gesicht meiner Mutter in den schwarzen und grauen Schatten zu entdecken. Vielleicht auch ein bisschen das meinige.

Werbeverträge wurden damals geschlossen, hatte Mama erzählt. Es gab mehr Geld, als sich das Mädchen und ihr

Papa hatten vorstellen können. Merchandising-Artikel wie die Puppe Elda vertrieben und diese Aufmerksamkeit verlieh ihr das Gefühl, der Nabel der Welt zu sein.

Eine Kino-Fortsetzung war geplant, ein neuer Produzent gefunden und meine 15-jährige Mutter war mit Euphorie im Gepäck und dem Segen ihres stolzen Papas allein zu dem ersten Austausch von Hamburg nach München gefahren. Drei Tage war sie fort gewesen. Zurück fuhr sie mit flammenden Wangen und Schenkeln, das Gepäck verloren, auch wenn der Koffer voller Kleidung war.

Was gesprochen wurde, hatte ihr Vater wissen wollen. Nichts hatte sie wohl gesagt. Ausgetauscht wurde auch nichts, nur genommen. Illusionen und Unschuld.

Das Projekt wurde später abgesagt. Mama wurde zu dick.

Ihr Papa, so proklamierte meine Mama mit Schnaps im Kopf und Elda im Arm, hatte sie nach der Erkenntnis verstoßen, sie hätte für jemand anderen gestrahlt. Gesenkte Augenlider, keine Umarmung für die Prinzessin mehr. Sie sei schuldig, hatte ihr Vater gesagt, nimmermehr sein kleines Mädchen. Elda mit schlimmer Erinnerung.

Mamas Augen und Wangen brannten beim Erzählen, sie wehrte meine Umarmung ab, an jedem einzelnen Tag, wenn sie es wiederholte. Dabei hatte sie damals nicht einmal gewusst, dass DAS gerade passiert sei. Es ging so schnell und tat so weh.

Mama bettete Eldas Plastikarme um ihren Hals und vergrub das Gesicht in den Kunststoffhaaren. Selbst da sahen sich die beiden noch ähnlich: mittlerweile spröde an Haut und Haar, leer im Blick. In solchen Momenten mochte ich mich erst wieder bewegen, wenn Mama eingeschlafen war und ein dünner Spuckfaden Eldas Wimpern verklebte.

Mamas Schmerz nährte sich von Vergangenem und ritualisierte mein eigenes Leben: Ich hob ihre Beine auf das Sofa, bettete ihr die Puppe in den Arm, holte eine Decke aus dem Schlafzimmer, warf die Videokassette »Eldas schönste Erinnerung« aus dem Rekorder und stellte die Bodenvase als Spucknapf neben die Couch.

Anschließend streckte ich mich in meinem alten Kinderzimmer auf das viel zu kurze Bett und starrte die Decke an, schaute den Tapetenenden beim Ablösen zu und fragte mich, ob der uralte Fliegenfänger am Fenster schon als antik galt. Die Farbe des braunen Klebestreifens war kaum zu erkennen, weil die unzähligen Insekten, die an ihm hafteten, mit einer Schicht Staub überzogen waren. Eines von ihnen bin ich, dachte ich. Festgeklebt und mit Mamas Traurigkeit kandiert.

Meine Mutter hängte mir die Schuld an ihrem verpatzten Leben wie eine Bleiweste um und schmiss mich in ihren irren Ozean. Bereits als kleines Mädchen erfuhr ich, ich sei für die väterliche Verstoßung verantwortlich. Wenn ihr Papa sie und ihren wachsenden Bauch anblickte, sah er nur Verbotenes. Und so schickte er die schwangere Tochter zu seiner schweigsamen Schwester in die Großstadt des Ruhrgebiets. Dort, wo viele gefallene Mädchen lebten, und ich stellte mir vor, wie sie aufstanden, sich die Knie abklopften und von Neuem begannen.

Mamas Erinnerung inszenierte jedes Mal beim Erzählen den klischeehaftesten Abschied aller Abschiede wie in einem Elda-Film: Sie, in einem weißen Kleid, mit einem zaghaften letzten Abschiedswinken. Tränen hätten ihre Wangen passiert; Eldas Spitzenkleid hatte das Taschentuch ersetzt, den Koffer in der Hand, dessen Verschlussriemen gerissen waren und am Korpus wippten, wie ein Flattern der Lider, um Tränen zu verbergen. Die Nachbarn abgewandt, als sie das Haus verließ, und erst gaffend, als sie ihnen den Rücken kehrte. Das habe sie in den spiegelnden Scheiben des Busses gesehen, der sie nach vier Stunden Holprigkeit in der Tanten-Tristesse vor einer geschlossenen Gartenpforte ausspuckte.

Meinen Großvater lernte ich nie kennen.

Mutters neues Dasein führte in eine Essener Blocksiedlung mit gleichförmigen Vorkriegsbauten. Meine Fröhlichkeit als Kind entlieh ich dem Zusammensein mit Mutter, wenn sie vor einem Herrenbesuch in ihrem farbkrawalligen Bademantel, mit Lockenwicklern bestückt, durch die Wohnung schwebte, laut mit mir lachte, weil ein Bier schon probiert und der Büstenhalter gerichtet war.

In diesen Momenten war Elda nur ein Stück stoffbezogener Kunststoffkörper, bis Mama die Haare befreite, ihren Schlüpfer unters Sofa kickte und Zigaretten auf den Nachttisch legte. An diesen Abenden sollte ich die Puppe sogar mit in mein Zimmer nehmen.

In anderen Nächten durfte ich mir keine Alpträume leisten, denn auch dann war der Platz in Mamas Bett schon belegt. Versuchte ich trotzdem mal in die aufgebauschten Daunen zu klettern, starrte mich Elda spöttisch an und ließ sich absichtlich aus dem Bett plumpsen. Egal, in welchen

Traumregionen Mama sich befand, der Sturz ließ sie hochschrecken, erst orientierungslos, anschließend schimpfend, bis ich mit gesenktem Kopf und tropfenden Augen in mein Bett zurückschlich und in mir die Erkenntnis aufblitzte: Sollte das Haus plötzlich in Flammen stehen, meine Mutter würde zuerst Elda retten. Es brannte mein Kinderherz und meine Tränen konnten es nicht löschen.

Zur Einschulung stolzierten wir als Trio aufgerüscht in meine Grundschule. Mama hielt mich an der Hand und Elda am Herzen. Die anderen Eltern echauffierten sich: Stand doch ausdrücklich in dem Infoblatt, dass die Kinder keine schutzspendenden Puppen mitbringen durften. Dabei hielt Mama und nicht ich Elda am Busen, denn neben den anderen Eltern war ihr Lachen zu grell und der Rock zu kurz.

Meine Großtante starb, als ich ein Teenager war. Für unseren Alltag machte der Tantentod kaum einen Unterschied, nur dass ich nun die Rollläden im Gleichklang mit den Nachbarn morgens um sechs Uhr lüpfte. Vielleicht tat ich das, weil ich der Welt beweisen wollte, dass auch wir in die Symmetrie unseres Wohnblocks passten. Ich wünschte mir doch nur, irgendwo dazuzugehören, denn Mamas Amüsement über die Welt war immer etwas zu laut und die Blumen auf ihrem Kleid wuchsen zu üppig. Vielleicht bin ich deshalb eine graue Maus geworden.

Jeden Morgen ruhte Elda noch neben Mama, während ich die Wäsche wegräumte und das Frühstück machte. Die Puppe hatte ihren eigenen Platz bei Tisch, immer schon, und ich lebte zu lange unter diesen Umständen, um das in Frage zu stellen.

War etwas nicht nach Mamas Wunsch, hängte sie sich die Ungeduld wie eine Stola um und stolzierte mit Elda im Arm auf und ab, krähte ihr Unbehagen heraus und wies mich an, meine Verbindlichkeit an ihrem verpfuschten Leben abzutragen. Und während sie sprach, wiegte sie die Puppe mit jedem ihrer Schritte, sodass die Augendeckel mit leisem Klackern auf und nieder wippten.

Mama hatte irgendwann die Leidenschaft für Likör und Nachbar Kammertöns entdeckt. Beide, Likör und Kammertöns, kamen nachts aus dem formgleichen Nachbarblock durch das offene Gartentor zu uns herüber, wenn Frau Kammertöns zum Nachtdienst verschwunden war.

Meine Mutter bettete Elda in diesen Nächten in ihr Puppenbettchen auf meinem Nachttisch. Sobald sich die Tür schloss, schubste ich die Kleine zu Boden auf meine stinkenden Socken.

Als Frau Kammertöns arbeitslos wurde, gab es für Mama weder Likör noch Geschlechtsverkehr. Sie stieg auf Schnaps um. Der ließ sie beides kurzzeitig vergessen.

Mama und Elda haben betörende Stupsnasen. Mein Zinken ist kantig und ein bisschen schief, als gehöre ich nicht zur Familie. Vielleicht war meine Nase auch mal zierlich, ich weiß es nicht mehr. Im Alter von neun Jahren war ich auf einen Hocker geklettert, um Elda aus dem Fenster des ersten Stocks zu werfen. Es sollte nach Selbstmord aussehen, deshalb der Aufwand. Allerdings rutschte ich mit meinen Pantoffeln vom Drehhocker, der zu einem Klavier gehörte, dessen Töne seit dem Tantentod nicht mehr die Saiten verlassen hatten. Ich knallte mit der Nase auf den

Fensterrahmen, derweil Elda einen hohen Bogen durch die Lüfte beschrieb. Anstatt jedoch auf den Waschbetonplatten zu landen, die hier und da kleine Mulden von ausgeschwemmten Steinchen aufwiesen, segelte Elda auf einen Jasminstrauch und statt entstellender Gewalt erfuhr sie einen wohltuenden Duft.

Neben angebrochener Nase wurde mir der Kopf geschoren, weil ich mir einen der beiden Fliegenfänger, die am Fenster hingen, bei meinem Sturz um den Kopf gewickelt hatte. Eine Krone aus Schicksalsspott und Fliegenbeinen.

Mama nahm stumm die Schere und sah mich unbeweglich minutenlang an. In meiner Angst schienen sich die Sekunden besonders viel Zeit zu nehmen. Direkt am Ansatz schnitt sie mir die Demütigung vom Kopf und ersetzte sie durch Scham.

Während Mama jeden Tag in ihrem Fernseher verschwand, starrten die Puppe und ich uns an. Eldas Augen sagten mir, Mama hasse mich. »Warum«, fragten mich Eldas unbewegliche Lippen, »sollte meine Mutter dich lieben?«

»Aber ich bin doch ihr Kind«, flüsterte ich der Puppe zu. Und die Plastikgöre lachte mit zusammengepressten Lippen, einer roten Linie, so dünn, wie mit einem Teppichmesser gezogen – bewegungslos, und ich hörte sie trotzdem spotten.

Der ungewöhnlichste Tag in meinem Leben kündigte sich durch einen ordinären Morgen an. Denn ohne diesen wäre der schicksalsträchtige Paukenschlag nur halb so laut gewesen. Ein langweiliger Morgen im Büro, in der Bahn, im Supermarkt.

Die Einkäufe in den Plastiktüten schnürten mir den Puls am Handgelenk ab. Vielleicht hörte ich deshalb nichts mehr, nur ein Rauschen, gestautes Blut in meinem Kopf, als ich die geschlossene Gartenpforte sah. Ich schaute nach rechts und nach links zu den anderen Eingängen unseres Blocks. Erwartete wohl unbewusst, dass deren Tore offenständen. Und dann sah ich sie. Elda. Sie war allein und es war kalt. Sie lag direkt neben den Mülltonnen am Eingang, das Gesicht zur Erde. Die Einkaufstüten wollten zu Boden gleiten, schneller, als es meine Hände erlaubten, und ich hörte es krachen und scheppern. Das Küchenfenster unserer Wohnung öffnete sich über meinem Kopf. Das Unterhemd, das er trug, spannte am Bauch, die Brusthaare spärlich über seinen Ausschnitt sprießend. In unserer Küche stand Herr Kammertöns, eine Hand auf den Bauch gelegt, reibend, als wolle er gerade sein Lieblingsmahl verspeisen.

»Nimm deine alberne Puppe und werde endlich erwachsen!«, dröhnte er von oben.

Mama erschien hinter ihm im Morgenmantel und zündete zwei Zigaretten an, reichte ihm eine und verschwand aus meinem Blickfeld. Kammertöns griff sich ans Gemächt, versicherte sich wohl, dass es noch da war, und schloss das Fenster.

Es dauerte, bis ich mich wieder bewegen konnte, stellte die Tüten ab, kramte nach meinem Schlüssel, fand ihn nicht, fand ihn doch, er fiel, hob ihn auf, er fiel wieder und als ich erneut nach ihm griff, öffnete sich die Haustür und

Mama stand vor mir. Die Farben ihres Morgenmantels kreischten mich an. Den Rauch ihrer Zigarette blies sie durch die Nase. Sie blickte auf die Einkaufstüten und fragte, ob ich etwas zu trinken mitgebracht hätte.

»Mama! Da ist Elda!«, schrie ich sie an und zeigte auf Elda, neben weggeworfenen Erinnerungen.

Mama zuckte mit den Achseln. »Sie ist doch nur eine Puppe«. Ungeduldig winkte sie mit den Fingern.

Ich reichte ihr die lädierten Tüten. Mit der Kippe im Mund, die Arme beladen, trat sie die Haustür hinter sich ins Schloss.

Ich stand da, fassungslos, starrte auf Elda. Ihr blanker Puppenpo streckte sich gen Himmel. Wie lange hatte ich auf diesen Moment der Erniedrigung gewartet? Mein ganzes Leben. Mein ganzes verdammtes Leben lang. Und trotzdem hob ich sie auf.

Elda hatte die Lider gesenkt, obwohl ich sie aufrecht hielt, am gestreckten Arm, von mir weg, als wäre sie ein kleines Raubtier, könnte mich kratzen und beißen, wenn ich nur unachtsam wäre.

Ich hasse Elda, so lange ich denken kann. Mein ganzes verdammtes Leben. Und trotzdem nahm ich sie mit.

UNTER DER OBERFLÄCHE

»Mikesch ist kein Name für einen Mann. So heißen Kater«, frotzelte der Chef, als er die zweite Abmahnung auf den Schreibtisch schleuderte. Dabei spannte das Hemd über seinem Bauch und legte wellenförmig Einblicke auf das feingerippte Unterhemd frei.

Erst gestern hatten Mikesch' Kollegen eine Dose Katzenfutter auf seiner Pausenstulle entleert, die er frustriert in der Toilette entsorgte. Und der Spott wollte nicht enden.

»Kein Wunder, dass du so nachtaktiv bist«, meckerte sein Vorgesetzter, »Das geht so nicht! Noch eine Verspätung und du bist den Job los!«

Dabei liebte Mikesch seine Arbeit bei der Kaufhaus-Security, beobachtete für sein Leben gern die anderen, während in seinem Leben sich nichts bewegte außer die Zeiger des alten geerbten Reiseweckers, der in seiner Fantasie bereits Meere überquert und Kontinente gesehen hatte.

Fantasie war eines seiner Probleme, die ihn nachts nicht einschlafen ließen. Jedes Was-wäre-wenn, das ihm im Dunkeln seines Schlafzimmers überfiel, wucherte in Gedankenbahnen, die er meist noch am frühen Morgen versuchte zu beschreiten, bis er erschöpft einschlief.

Das andere war die Einsamkeit.

Wenn er wieder einmal morgens verschlief und zu spät im Kaufhaus erschien, half zumindest sein Ideenreichtum, sich Rechtfertigungen auszudenken. In Mikeschs Tarn-Geschichten tummelten sich schillernden Gestalten, deren

Vorbilder die Kunden, die er täglich auf seinen Monitoren beobachtete, waren.

Als die Frühschicht endete, klemmte sich Mikesch die Abmahnung unter den Arm. Er verstand seinen Chef nicht, denn seine letzte Ausrede war so wunderbar nah am Leben gewesen: Er sprach über die alte Nachbarin, die ihren Haustürschlüssel in den Gully hatte fallen lassen und ihn gebeten, sich ihrer Rettung anzunehmen. Ihretwegen hätte er sich die Unterwelt der Altstadtkanalisation begeben. Mikesch schilderte sich als Held der Tiefe, der ohne Furcht und Tadel weder Kacke noch Getier scheute, um der alten Dame rechtzeitig zur TV-Serie ins eigene Wohnzimmer zu verhelfen. Auf dem Weg zum Kaufhaus hatte er das Geschehen durchgekaut, testete es auf den Lippen, ob die Worte aufrecht schmeckten und bis er angekommen war, glaubte er das Abenteuer selbst, bedauerte die arme Frau, und hatte alles als Wahrheit verdaut.

Hauchdünnes Papier kann heftig lasten, und als er am Abend heimkehrte, entglitt ihm die Abmahnung und schwebte trotz der schweren Worte davon. Mikesch eilte hinterher, den Haustürschlüssel bereits gezückt, griff in die Luft, stolperte und landete auf dem Kopfsteinpflaster. Der Schlüssel fiel scheppernd durch ein Gitterrost hinab in ein schwarzes Nichts.

Es war wie im Traum, ein Déjà-vu, als die Mär plötzlich wahr wurde. Deshalb zögerte Mikesch nicht, sondern hob die Abdeckung hoch und tauchte hinab in seine eigene Geschichte, tappte dabei im Dunkeln und fischte im Trüben. Im Gegensatz zum Schlüssel der fiktiven alten Nachbarin war seiner schnell gefunden, ruhte neben der Abwasserrinne, bereit, mit einem minimalen Maß an Ekel gepflückt zu werden. Aber Realitäten haben die Angewohnheit gehässiger, als die Fantasie zu sein.

Als er der Unterwelt entsteigen wollte, versperrte ein SUV das Ausgangsloch; so ein Ungetüm, bei dem man nie wusste, ob man vorne oder hinten schon zwei oder drei alte Nachbarinnen überfahren hatte.

Wie die Sünder im Fegefeuer schrie Mikesch sein Leid nach oben. Und wie die Sünder im Fegefeuer hörte kein Oberirdischer sein Klagen. Der Autoschlüssel brillierte durch eine winzige Leuchtdiode, die den Verunglückten dazu ermutigte, einen anderen Ausgang zu suchen. Während er die ersten Stunden frohgemut die Vorkriegskanalisation seiner Stadt durchwanderte, schwanden mit Lichtstrahl auch Optimismus und Orientierungssinn. Wege wurden breiter und schmaler, führten kreuz und quer, ließen Rinnen wachsen und Stege erfühlen, während fahle Lichteinfälle rettende Ausgänge vermuten ließen. Aber die Deckel blieben verschlossen und mit jedem gescheiterten Fluchtversuch wurde Mikesch grimmiger und entschlossener, stapfte durch Unrat anstatt an ihm vorbei zu balancieren.

»Jetzt weiß ich, woher der Begriff Kackstelzen kommt«, versuchte er sich zu erheitern, als ihn ein Lichtstrahl wie ein Fausthieb im Gesicht traf.

Es bedurfter vieler Worte, beruhigender Schulterklopfer auf abgewetztem Stoff und mehrerer Münzen, bis Mikesch dem Obdachlosen in der Kanalisation erklären konnte, er sei nicht mit stehlender Absicht erschienen und der Obdachlose Mikesch begreiflich machte, er sei keineswegs obdachlos, er müsse sich doch nur diese schicke Bogenkonstruktion über ihnen anschauen. Das Schulterklopfen wurde beidseitig und ein Flachmann fand seinen Weg aus alter Cordjacke von einer Hand in die andere. Für Sorge vor Bandwürmern, Pilzen und Bakterien war es eh zu spät und ein guter Schluck Hochprozentiger sei vermutlich eher desinfizierend als ansteckend, dachte Mikesch und an die acht weiteren Leben, die er noch hatte.

Mario hieß sein neuer Freund und nachdem der Flachmann geleert und die Beine lahm wurden, führte Mario den Besucher an seinen Schlafplatz, vorbei an schwimmender Katzenfutter-Stulle auf abfließendem Gewässer und frechen Nagetieren, die in ihm keinerlei Jagdinstinkt weckten.

Warum er wie ein Kater hieße, fragte Mario und Mikesch erläuterte, dies sei die tschechische Form von Michael.

»Ach so!«, lachte der Vagabund und verbeugte sich. »Mario heißt: der, der am Meer wohnt«, und machte eine ausladende Geste zur Abwasserrinne.

Nach weiteren »Prost«-Rufen mit mittlerweile unsicheren Schritten und Ausrufen der Bewunderung für gelebten Minimalismus, erreichten sie Marios Reich.

Der Kanalisationsneuling betrat das Matratzenrefugium, das gesäumt war von Campinglampen und Pappduftbäumchen. Nach nochmaligen Verbrüderungsgesten kreisten weitere Flaschen mit Hochgeistigem. Mikesch wurde übermütig, ließ sich auf das zusammengesammelte Bettenwerk plumpsen und wollte gerade das einfache Leben besingen, als ein stechender Schmerz seine Hand okkupierte. Er zog sie heran und erkannte im Lampenlicht zwei blutige Punkte. Ein Dracula-Biss könne das ja nicht sein, dachte er, ein feuchtfröhlicher Gedanke, seiner Fantasie geschuldet und blickte erheitert zu Mario. Der räusperte sich.

»Hier sind oft Viecher. Die Leute spülen die Tiere einfach im Klo runter.« Er schaute zwischen seinen Matratzen nach, als suche er ein verlorenes Kätzchen. Eine Schlange sei das gewesen, ganz hübsch, nicht groß, etwa so, zeigte Mario im Halbdunkeln.

Mikesch erbrach sich vor dem Bettenberg in eine Abflussrinne. Mit zitternden Fingern versuchte er zu ergoogeln, ob sein Leben nun vorbei sei. Doch kein Handyempfang konnte ihm in der Unterwelt darüber Auskunft geben. Kurz zog Mikesch eine Ohnmacht in Betracht, die ihm den Übergang in eine andere Dimension erleichtern würde, da zog Mario ihn am Ärmel, leuchtete in einen Gang hinein und murmelte was von, »dahinten kommste raus«.

Der Gebissene erbleichte, wollte wissen, warum er das nicht vorher gesagt hätte, aber Mario ließ seine Schultern wippen und meinte, er habe so lange keinen Besuch gehabt.

Das Gitter am Abwasserschacht war mehr Attrappe, als das es einer Funktion diente. Mikesch schob es aus der Halterung und lief allein, das Handy gen Himmel haltend, über die Rasenfläche des städtischen Parks. Am Springbrunnen der kunstvoll angelegten Rosenbeete wusch er Gesicht und Hände. Den Namen der ergoogelten Schlange konnte er nicht aussprechen, aber sie war klein, feige und gefährlich und ihr Gift würde in weniger als einer Stunde sein Herzkreislaufsystem zum Erliegen bringen. Er rannte aus der Anlage, vorbei an Zypressen und langarmigen Trauerweiden, hin zur einzigen Laterne, die am Eingang des Parks noch in Betrieb war. Wie eine Fliege im Honigtopf versuchte er mit schweren Flügeln die drei Meter hohe Pforte, die nachts verschlossen war, zu erklimmen. Er kletterte das schmiedeeiserne Tor hinauf, die Hand mit pochendem Schmerz um die Stäbe gekrallt, und warf sich und seinen Hintern über die zackenförmige Umrandung. Der Allerwerteste war weniger geschmeidig als der Rest seines Körpers: Die Hose blieb hängen, riss auf, während er über das Gitter rutschend den Boden ohne Hosenboden erreichte. In die Hand nahm er die Beine nicht – zu sehr schmerzte die Wunde und der nun lüftende Po wollte bedeckt werden – aber so schnell es Beine, Pein und Alkohol zuließen, eilte er in das nahe gelegene Krankenhaus. Das nächtliche Begrüßungslicht der Notaufnahme versprach Rettung.

»Haben Sie Ihre Versicherungskarte dabei?«, wollte die rotwangige Dame an der Rezeption wissen. Und Mikesch überlegte, ob er schreien oder umfallen sollte. Das Schreien gewann das innere Duell und er brüllte sie an, dass er sterben werde, wenn sie nicht etwas täte und während die Frau demonstrativ mit ihren Anmeldeformularen wedelte, um Mikeschs Schnaps-Atem aus ihrem Gesicht zu vertreiben, kamen bereits zwei Security-Mitarbeiter, um ihn zu separieren. Es dauerte lebenswichtige Minuten, bis Mikesch begriff, dass niemand seinen Schlangenbiss ernst nahm. Schon gar nicht, nachdem er versucht hatte, den Biss des

Reptils zu imitieren, hierfür die Augen aufriss und mit gebleckten Zähnen ein Monstrum plagiierte, die Finger krallenförmig als optische Verstärker vor die Mundwinkel gezückt, auch wenn bei dieser Demonstration sein Hintern ein strahlendes Gesicht machte. Lediglich die Wangen der Empfangsdame nahmen eine dunklere Rötung an.

Zeit, Geduld und Lebenswille rannen dahin mit jeder Sekunde Wartezeit: auf den Arzt, wie Mikesch annahm; auf die Polizei, wie die Empfangsdame wahrscheinlich dachte.

Seine Hand pulsierte und als er unter dem Vorwand, auf die Toilette zu müssen, aufstand, hielt niemand ihn fest, da seine Jacke ein Geruchsspektakel aus der Kanalisation präsentierte. Mit einem Duft der »Eau de Merde« heißen könnte, wollte er die Welt nicht verlassen.

Er stahl sich von dannen, vermisste Daheim seine ausgedachte alte Nachbarin, die ihn bestimmt hereingebeten und verarztet hätte. Erschöpft schloss er die Wohnungstür mit dem Schlüssel auf, der seinen Todeskampf ins Rollen gebracht hatte. Apropos Rollen: Der SUV war mittlerweile fort.

Der Kleidung entledigt, setzte sich Mikesch in seine Duschwanne und ließ das warme Wasser auf sich prasseln, gab sich der Schwere seiner Lider hin und verlor das Bewusstsein.

Das klappernde Geräusch waren seine Zähne, als er Stunden später zu sich kam. Die Hand war geschwollen, scheinbar eine mutierte Ausgabe seiner ursprünglichen, aber weniger durch etwaiges Gift, als durch den Wasserstrahl der Dauerbeduschung.

Irgendwo schlug eine Turmuhr die elfte Stunde und Mikesch sprang aus der Wanne, schnappte sich ein Handtuch und stelzte ins Schlafzimmer. Die Ersatzuniform entriss er der Plastikhaut der Reinigung, plättete die Haare mit den Händen und lief hinaus, ohne Schlüssel und Vorbehalte.

Im Büro hatten ihm die Kollegen eine Packung Katzenstreu mit Namen »Adieu« auf seinen Platz gestellt. Mikesch ignorierte Spott und Streu, starrte stattdessen auf die Monitore. Auf einem konnte er seinen Chef durch die Abteilungen eilen sehen. Dessen Pomadenhaare verrutschten und gaben seine Halbglatze frei, die eigentlich durch lang gezüchtete Seitensträhnen verborgen bleiben sollte.

Der Boss passierte bereits den letzten Monitor und Mikesch drehte sich zu der sich öffnenden Tür und starrte auf seine Hand. Die Tür schlug auf, die Kollegen kicherten, als der Chef brüllte: »Was ist es heute für eine Abenteuergeschichte?« Sein Vorgesetzter baute sich vor Mikesch' Schreibtischstuhl auf, stemmte die Hände in die Hüften und ließ den Blick wieder frei auf sein Feinripphemd. Der Angesprochene schaute nicht auf, drückte mit dem Zeigefinger auf der verwundeten Hand herum, erstaunt, hier zu sitzen und dass kein Eitergeschwader den frischen Schorf durchbrach.

»Mikesch, ich rede mit dir!« Der Boss stemmte seine Arme auf den Stuhllehnen und brachte sein Gesicht auf Augenhöhe. »Was war los?«

Der Angesprochene schaute langsam auf, richtet die Augen auf ihn und atmete tief durch. Er dachte an die vergangene Nacht, fassungslos noch zu leben, überlegte, welche Flasche er Mario vorbeibrächte und warum er keine alte Nachbarin hatte. Niemals wird der Chef ihm das Erlebte glauben. Niemals wird irgendwer diese Geschichte glauben.

»Nichts«, antwortete er nach einer Weile.

Sein Blick wanderte wieder zur Hand. Die war rosig und er unaufgeregt doch überrascht, als er unter dem Schulterschlag seines Chefs zusammenzuckte.

»Kerl, du bist 'ne Marke!« Sein Boss begann Mikesch zu rütteln und dessen Kater zeigte Präsenz, sodass er seine aufsteigende Magensäure runterschlucken musste. »Da weißt du genau, ich feure dich, wenn du nochmal verschläfst und sagst mir das trotzdem einfach ins Gesicht.«

Worte und Tonfall passten nicht zusammen. Sein Arbeitgeber hatte sich aufgerichtet, wies auf ihn und tönte volllungig in die Runde der Kollegen: »Dieser Typ hat hier die dicksten Eier! Versteckt sich nicht hinter einer Lüge, auch wenn es brenzlig wird.«

Er klopfte seinem Untergebenen auf die Schulter. »Ab morgen kommst du zur Spätschicht. Dann kannst du weiter nachtaktiv sein. Hast dir ja nicht ausgesucht, ein Mikesch zu sein!«

Sorry we're
CLOSED

KEIN FREMDWORT

Wenn es zu laut wurde in dem Gemeinschaftsraum, dann hörte er auf die Melodie in seiner Erinnerung. Es war ein Kinderlied mit leichtfüßiger Tonfolge. Mutter hatte es ihm mehr als zwanzig Jahre vorgesungen.

Vor einem Jahr sang er es schließlich für sie, bis sie in seinen Armen starb und er sein Zuhause, sein Dorf verlassen musste.

Als er das Lied einmal im Heim laut gesungen hatte, kam gleich eine Mitarbeiterin der Einrichtung zu ihm gelaufen und sagte, das sei nicht gut, ausgerechnet ein Kriegslied, das würde niemandem hier gefallen. Er war verwundert, dass sie es überhaupt kannte, denn sie hatte nicht die gleiche Nationalität wie er. Seit dieser Begegnung sang er das Lied nur noch in seinem Kopf, wenn die anderen Stimmen in den Gemeinschaftsräumen zu laut waren.

Vor allem am Esstisch, wenn er sich bemühte zu erahnen, was die anderen meinten. Hörte Worte, die er nicht verstand, von denen er sich manchmal fragte, ob sie überhaupt eine Bedeutung hatten. Die Melodie im Kopf zentrierte dann seine Gedanken. Er hasste es, mit Leuten an einem Tisch zu sitzen, mit denen er sich nicht unterhalten konnte.

Der Zettel hing am schwarzen Brett und fiel auf, weil er der Einzige in Farbe gedruckt war. Als wäre nur der Verfasser dieser Mitteilung der Ansicht, die Heimbewohner wären den extra Cent Druckfarbe wert.

»Integration muss kein Fremdwort sein« stand da und dass sich jeder engagieren kann. »Kommen Sie vorbei!« Und das auch gleich in mehreren Sprachen, so als wolle der Verein, Urheber dieses Aufrufs, unmittelbar beweisen, wie flexibel er sei. Als er das Haus verließ, hatte er seinen guten Anzug an. Die Ärmel waren im Gegensatz zu der Hosenkante etwas verschlissen. Das fiel natürlich auf, aber vermutlich nur ihm, denn die meisten Menschen starrten ihm ins Gesicht, wenn er sich in die Stadt begab. Sein Hemdkragen war hochgeschlagen, und er fühlte sich wie Elvis auf dem Weg zu einem Auftritt.

Das Büro des Vereins lag in einem Stadtteil, das er noch nicht kannte, und der Fahrplan der Tram erinnerte ihn in seinen bunten Farben daran, dass er es wert sei, sein Ziel weiter zu verfolgen. Kinder lachten ihn aus, und eine Frau schimpfte mit den Kleinen, der da sei genauso ein Mensch wie wir, auch wenn er fremd aussähe, und sie half ihm, die richtige Tram zu wählen, während er in seinem Kopf die alte Melodie zu summen begann.

Viele Stimmen in der Tram. Fast wie am Gemeinschaftstisch im Heim. Er fühlte sich wie festgemauert auf seinem Platz. Ein Mädchen kam zu ihm und wollte etwas fragen, aber die große Schwester sprang vom Sitz auf und zog es weg. Direkt neben ihm stand ein Mann mit einem Regenschirm und schaute auf ihn herunter.

»Na?«, fragte der Herr ihn, »du bist bestimmt auch froh, hier in Deutschland zu sein! Woanders ginge es dir nicht so gut!«

Sein Blick verlor sich in den Farbwolken der vorbeifliegenden Großstadt, während er den Mann ignorierte.

»Hey, ich rede mit dir!«

Der Regenschirm bohrte sich in seinen Oberarm. Die Tram hielt an und er flüchtete vor dem Mann auf die Straße. Er überlegte, was er tun könne, um sich abzulenken.

Vor einem Schaufenster blieb er stehen und betrachtete sein Spiegelbild. Sein Elviskragen war unbemerkt einseitig nach unten geklappt und der offene Knopf am Hals sah irgendwie zu wagemutig aus. Die Schaufensterpuppe schien ihm ein Lächeln zu schenken und er beschloss, sich in diesem Kleidungsgeschäft eine Krawatte zu kaufen. Bunt sollte die sein wie der Flyer am schwarzen Brett, dann würde ihm niemand mehr auf die Jackenärmel oder Beine schauen.

Die Glastür war sehr schwer und öffnete sich nur nach außen. Er hatte Schwierigkeiten hineinzukommen, und dabei war sein schlechtes Englisch mit »push« und »pull« sein geringstes Problem. Eine Verkäuferin eilte herbei, öffnete die Tür und hielt sie fest wie ein Schild vor der Brust, während sie nach draußen lugte und sie dennoch seinen direkten Blick mied.

»Bitte haben Sie Verständnis, andere Kunden könnten sich durch Ihre Anwesenheit gestört fühlen.«

Die Eingangstür streifte beim Schließen seine Hand und er verweilte vor dem Eingang, wusste ohne hinzuschauen, dass seine Haut wund war. Er betrachtete fassungslos die Verkäuferin, die durch die Glastür hindurch eine wegkehrende Bewegung machte. Er schaute zu seiner aufgeschürften Hand, blickte nach vorn und setzte sich mit einem Summen in Bewegung.

Er irrte durch die Fußgängerzone, sah weder die Blicke der Leute, noch hörte er ihre Worte. Er mied die Geschäfte, bis die Melodie in seinem Kopf ihn wieder erdete. Das Kind in der Tram hatte ihm ein Kaugummi in die Haare geschmiert. Er bemerkte es erst, als eine Passantin ihn darauf aufmerksam machte und ohne seine Zustimmung abzuwarten, probierte, es ihm aus den Haaren zu ziehen. Er versuchte, schnell wegzukommen, und steuerte das nächste Friseurgeschäft an. Die Friseurinnen schenkten ihm ein Lächeln und er drehte leicht den Kopf und blickte um sich, weil er nicht glauben konnte, er sei gemeint. Im Spiegel schaute er sich an, den Kragen immer noch halbseitig gesenkt. Bevor er sich versah, hatte eine Angestellte den Kragen unter einem Umhang versteckt. Er spürte die Blicke seiner Platznachbarn. Neben ihm saß ein alter Mann, dessen Kiefermuskulatur arbeitete, als hätte er die Sorgen der Welt zu kauen und auf der anderen Seite ein Jugendlicher, der auf sein Smartphone starrte, nachdem er ein Foto von ihm gemacht hatte. Es dauerte nur wenige Minuten, bis die Friseurin das Kaugummi entfernt und seine Haare in Form geschnitten hatte. Ihr Smalltalk war für ihn wie fröhliches Vogelgezwitscher, auch wenn er kaum etwas von den Themen verstand, von denen sie erzählte. Schere und Kamm wurden zur Seite gelegt und er trank noch seinen Kaffee, als die Friseurin sich dem alten Mann zuwandte.

»Das desinfizieren Sie aber erst, bevor Sie mir die Haare schneiden!«, befahl dieser der verdutzten Frau und fuchtelte mit dem Zeigefinger in Richtung Frisierbesteck. »Wer weiß, was der da für Krankheiten mit sich schleppt!« Und der Zeigefinger wies auf ihn am Nebenplatz.

Der Umhang hatte seinen Kragen zum Erliegen gebracht und die Melodie war wieder da. Er hörte sogar Mutters Stimme in seinem Kopf. Den Kaffee ließ er stehen, bezahlte, verließ den Laden, vorbei an einer beschämten Mitarbeiterin, die ihm die Tür aufhielt. Die Melodie in seinem Kopf überlagerte alles: den Verkehrslärm, das Gemurmel der Menschen, die in ihre Telefone sprachen. Er eilte zu dem Ort, der ihm das Leben sinnvoller erscheinen lassen sollte, wie ihm der Zettel am schwarzen Brett in farbenfrohen Lettern versprochen hatte.

Das Rufen nahm er erst nur unbewusst wahr. Die Stimme klang laut, männlich, mit einem Rest Pubertät auf den Stimmbändern. »Sieh mal den Abfall an!«, hörte er sie johlen und schaute auf den Boden, ob er versehentlich sein Taschentuch hatte fallen lassen. »Dich muss man entsorgen, du Dreck!«, und er blickte auf, sah die jungen Männer auf sich zugehen. Und verstand. Er versuchte, sich schnell umzudrehen, aber alles schien bleiern und als er davon eilte, verfolgte ihn das Grölen der anderen.

»Integration muss kein Fremdwort sein« stand auf dem Flyer in bunten Buchstaben, und dass sich jeder engagieren muss und er erlaubte dem Kinderlied nicht, diesen Satz in seinem Kopf zu übertönen.

Das Haus war schnell gefunden, eine Jugendstilvilla, mit verschnörkelten Treppengeländern. Ein Transparent hing über der Tür, die Aufschrift bunt gehalten wie all die Worte dieses Vereins. »Willkommen« stand da und »Trauen Sie sich herein!« Imperativ, als bräuchte er jemanden, der ihm sein Ziel beschriebe.

Er starrte die Tür an. Sie sah majestätisch aus, am Ende von sieben Treppenstufen. Das konnte nicht sein, dachte er. Es gab keinen Klingelknopf für ihn. Keinen Einlass. Kein »Integration muss kein Fremdwort sein«.

»Wenn du auch nicht gehen kannst, dann flieg«, hatte Mutter ihm als Kind gesagt. Und er begann laut das Lied seiner Kindheit zu singen: »Maikäfer flieg. Der Vater ist im Krieg, Mutter ist in Pommerland, Pommerland ist abgebrannt, Maikäfer flieg.«

Bedächtig betätigte er den Bedienungsknauf seines elektrischen Rollstuhls und fuhr in einem schmalen Wendekreis vor den Stufen zum Eingang, unterhalb des bunten Plakats »Integration muss kein Fremdwort sein« und trat den Nachhauseweg an, zum Heim für behinderte Menschen, in dem er nach dem Tod seiner Mutter lebte. Ein Passant wechselte die Straßenseite, als er ihn sah, aber er hörte nicht auf zu singen. Warum auch. Es war ein ganz normaler Tag.

WORTWAISEN

Es war einmal ein Tag, an dem die Menschen aufhörten, Kriege zu führen. So, wie die Kriege begannen, begann auch der Frieden: ganz im Kleinen, morgens am Frühstückstisch.

Jetzt fragst du dich, wie konnte das gelingen, schließlich befehden die Menschen sich nicht grundlos. Eine Frage der Entwicklung, so rechtfertigt manch Mächtiger den Raub von Ressourcen, andere halten sich für die Auserwählten Gottes. Jetzt fragst du dich, gibt es denn ein auserwähltes Volk? Und ich muss antworten: Ich verlor den Überblick, so viele hielten sich dafür.

Die Waffen, die mächtiger sind als Panzergeschwader, führen wir alle im Munde und manche mit Bösem im Schilde: Es waren die Worte, die dafür sorgten, dass Pazifisten zu Kriegern und Fremde zu Feinden wurden. Politiker rekrutierten die Sprache, um mit wenigen Worten die Welt zu erklären, die doch so viel größer ist, als dass ein paar Buchstaben in jedweden Kombinationen es sein könnten. Schuld am Mangel sei der Fremde. Und die Menschen begannen, in den Augen der Fremden Grimm zu entdecken, weil sie ihn entdecken sollten.

Trojanische Worte kursierten, von »Asylantenflut« war die Rede und skizzierten Bilder von wogenden Leibern, die das Land überschwemmten.

Politiker schufen Zusammenhänge, wo keine waren, und andere riefen in Gottes Namen zum Kampf auf.

Jetzt fragst du dich, hatte Gott endlich gesprochen? Und ich muss sagen: Nein, es waren wieder nur Menschenworte.

Trolle, wie du sie aus Märchen kennst, tollten nicht mehr im Wald, sondern stammten aus Propaganda-Fabriken. Meinungsmachend tobten sie maskiert durchs Netz, schufen Sympathie und Schmäh, während die Mächtigen ihre Hände in Unschuld wuschen.

Eines Tages weigerten sich die Worte, missbraucht zu werden. Menschen wollten sie verbinden, nicht trennen und der Schindluderei bereiteten sie mit Schweigen ein Ende. Der Einflüsterung entledigt, erkannten die Menschen plötzlich: Ich bin auch fremd für dich, Fremder, und sehe dich Grimm in meinen Augen suchen. Dabei bin ich es doch nur.

Ich.

Ein Mensch.

Als die Menschen den Respekt wiederfanden, erlaubten die Worte aufs Neue, im Mund geführt zu werden.

Man spürte, wie viel besser es sich ohne Hass lebte. Silben wurden entkleidet: Habe Angst vor dir, Fremder, weil ich unsicher bin.

Und der Fremde sprach: Warte, ich will sie dir nehmen.

Jetzt fragst du dich, ist das alles nur ein Märchen? Und ich sage, finde es heraus! Wenn dich der Frust statt warmer Worte für die Liebste Sticheleien über den Frühstückstisch senden lässt, dann schwirren sie wie Moskitos zwischen euch. Sie verletzen, die Stiche jucken und du kratzt sie auf.

Später streust du Häme über Fremde ins Internet, denn der Schmerz will raus und du aus deiner Haut.

Deine Worte treffen nur im Kleinen, aber anderorts können sie zu Raketen werden, die statt Marmelade Ländergrenzen überqueren.

Jetzt fragst du dich, wie kann das Kriege beenden?

Und ich sage: Ganz im Kleinen! Beginne Moskitos in Schmetterlinge zu verwandeln.

Denn jedes Märchen braucht auch einen Anfang.

TOPF DER TRÄUME

»Heimweh kann man auch zu Hause haben«, hatte Mia gesagt, als sie vor vier Wochen die Haustür hinter sich ins Schloss fallen ließ.

Die Haut auf meinen Knöcheln ist bis heute nicht verheilt. Diese Wut in mir! Das Klirren des zersplitternden Spiegels hat sie bestimmt noch gehört. Mia war trotzdem nicht umgekehrt. Hat mich auch nicht mitgenommen. Ist allein in die Schweiz gefahren. Warum fuhr sie in die Berge, obwohl sie permanent von Hamburg sprach?

Mia wollte schon immer raus, die Welt sehen, wir wollten das! Haben es aber nie geschafft. Das Geld fehlte. Wir hatten uns mit dem Geschäft übernommen. Und dazu das alte Haus. Zu viele Verpflichtungen, zu wenig Zeit. Weder Platz für Kinder noch für Träume.

Unsere Sehnsüchte sammelten wir stattdessen zwanzig Jahre lang und verschlossen sie zu Hause. »Topf der Träume« nannte Mia das Behältnis, das wir irgendwann in der Wirklichkeit leeren und leben würden.

Wunschwelten waren für sie zeitlebens Überlebensstrategie. Als Kind verbrachte sie viele Monate in einem Hamburger Krankenhaus. Hamburg – sie war nie in der Lage gewesen, die Stadt zu besichtigen. Sah außer die beige getünchten Wände der Klinik nur die besorgten Gesichter der Ärzte.

Manchmal erzählte sie, wie die Zeit lähmend durch die Gänge kroch: wenn sie das Blubbern des Aquariums im Ärztezimmer hörte und auf schlechte Nachrichten wartete.

Dann starrte sie auf ein Bild an der Wand oberhalb des Schreibtisches des Mannes, der sie wieder untersucht hatte. Betrachtete den ehemals bunten Druck in sonnengebleichten Farben. Sah den Fernsehturm über einer Blumenwiese ragen. Planten un Blomen musste das sein, wie sie später recherchierte. Ein Ort, an dem die Zeit verblasste.

»Irgendwann fahren wir da hin und ich steige auf den Fernsehturm und schreie alles raus. Schatz? Das machen wir, ja?«

Ich nickte nur und Mia erzählte weiter von den Ärzten und Schwestern, die nach der Visite die Tür des Krankenzimmers schlossen, den Blick auf die Akten geheftet. Sie sah die Köpfe durch das Sichtfenster im Holz. Die dann im Flur tuschelten und verstummten, wenn das Kind sich der Tür näherte. Dann, meinte Mia, flüstere die Zeit ihr zu, das Leben bestünde nur aus angstvollen Ewigkeiten, und das wollte sie nicht mehr. Nicht mehr warten, bis sie lebte.

Auf dem Fernsehturm wäre sie damals schon einmal gewesen. Dem Telemichel. Mit Papa. Der habe sie aus dem Krankenhaus geschmuggelt. Damals, als er noch wiederkam.

Heute kommt Mia endlich wieder. Seit einer Stunde stehe ich im Flur und starre aus dem Fenster. Der kaputte Spiegel hängt immer noch an der Wand. Und wenn ich daran denke, wie er hinter meinen Rücken mich hundertfach in seinen Bruchstücken reflektiert, beginnt der Puls in den Fingerknöcheln schneller zu pochen.

Mia wäre nicht Mia, wenn sie Erinnerungen nicht auch lachende Bilder abgewann. Augenzwinkernd erzählte sie, dass die Krankenhauswelt ein eigener Kosmos war. Den Kindern auf der Station wurden zum Beispiel Farben zugeordnet und entsprechend ihre Fieberthermometer markiert. Rektal wurde morgens früh um fünf Uhr gemessen, während nur das schummrige Licht der Notnachtbeleuchtung über der Tür das Krankenzimmer beleuchtete und die Farbe Lila gerne mit Rot verwechselt wurde. Jedes Kind wollte lieber blau oder grün sein und Mia niemals mehr in einer Großstadt wie Hamburg, ohne sie erobert zu haben. Hamburch, gesprochen mit ch am Ende. CH heißt am Ende auch Schweiz.

Strich war das klinikinterne Wort für erfolgreiche Verdauung. »Hast du Strich?«, wurden die kleinen Patienten gefragt. Das »St« gesprochen wie der Student mit den spitzen Stiefeln. Heidi Kabel lässt grüßen. Und das hieß nicht etwa ein brauner Strich in der Schüssel, sondern ein farbneutraler im Heft der Krankenschwester.

Später sagten Mia und ich jahrelang Strich, wenn wir etwas Scheiße fanden. Strich, wenn das Geschäft nicht lief. Strich, wenn der Regen durch das Dach tropfte. Und Strich, wenn Träume der Realität wichen.

Ein gelbes Auto fährt vor. Ich starre aus dem Fenster. Ein Mann steigt aus und begleitet Mia zum Haus. Ich balle meine Hände zu Fäusten. Ich weiß, er ist nur ihr Chauffeur. Dennoch ertrage ich es kaum, ihn mit Mia zu sehen. Jede Minute, jede Sekunde, die ein anderer mit meiner Frau verbringt, nimmt man sie mir. Strich! Doppel-Strich!

Die Haustür knallt an die Garderobe als ich nach draußen stürme und Mia an mich reiße. Mia in meinen Armen und ich weine und weine. Mir egal, was der Typ von mir denkt. Noch nie waren wir mehr als vier Wochen voneinander getrennt. Noch nie hat sie mich weinen sehen! Auf Händen trage ich sie ins Haus und geleite sie zu ihrem Lieblingssessel.

Von hier aus kann sie auf die Skyline von Hamburg sehen. Schwarzer Scherenschnitt. Eine Folie auf Tapete von Amazon. »Visualisierung« hat sie das früher immer genannt. Vor vier Wochen begriff ich das nicht.

Mias Lieblingstee ist schon lange fertiggekocht. Das ganze Haus duftet danach, und ich bemerke ihr zartes Lachen, auch wenn ich sie nicht höre. Ich bin mir sicher, sie ist froh, zu Hause zu sein. Den Topf der Träume befreie ich aus der Umverpackung.

»Kein Souveniraufkleber drauf?«, foppe ich Mia. So viel Platz ist noch drin. Platz für ganz Hamburch. »Wir erkunden die Stadt, Liebste.«

Ich flüstere es und weiß, dass sie nickt, als ich den Topf vorsichtig verschließe. So viele Jahre wollten wir schon in die Stadt, die auch »Tor zur Welt« genannt wird. »Kein Zufall« – Mias Mantra, wenn wir von Hamburg sprachen, »lass uns die Welt erobern« und verschoben diesen Plan Tag um Tag, bis wir die Jahre nicht mehr zählen konnten.

Erst ihr Ausbruch in die Schweiz – ihr Ausbruch aus unserem Leben! – hat mich wachgerüttelt, nicht weiter zu warten, sondern mir meine Frau zu schnappen, und durch dieses Tor zu gehen.

»Mia, Liebste, morgen werden wir nicht mehr nur träumen.«

Den Telemichel können wir nicht mehr betreten. Wir haben es zu lange verschoben. Vor ein paar Jahren war das noch möglich. Aber nicht alles ist zu spät. Wir werden die Elphi besteigen, auf die Plaza gehen und über die Elbe schauen. Als hätten sie die extra für uns gebaut. Für Mia. Als Entschuldigung für das Rektale.

Der Wagen ist aufgetankt. Auch das Haus hält mich nicht. Es steht zum Verkauf. Der Makler hat mir diesen Klotz endlich vom Bein gebunden. Ich wollte nicht mehr zusehen, wie es weiter zerfällt.

Mia und ich konnten uns vor zwanzig Jahren kein anderes leisten. Auch wenn die Kredite günstig waren, reichte das Geld nur für diese Bruchbude. Wir wollten selbst alles renovieren, aber das Geschäft lief schlecht und ich verbrachte mehr Zeit im Büro als im Blaumann.

Mia schilderte mir, was sie alles tun wollte und während sie in einer Hausecke anfing, die Tapeten abzureißen, neue zu verkleben und anzumalen, fiel der Putz auf der anderen Seite des Hauses ab. Erst versuchte sie, dagegen anzukämpfen, erhielt mehrmals die Woche Treuepunkte in ihrer Kundenkarte vom Baumarkt. Kam an einem Tag strahlend mit einem Bonus-Besen an, an einem anderen genervt mit einem Handwärmer im Juli.

Wenn der Sommer vorüberzog und wir statt uns auf der Terrasse zu sonnen, jede freie Minute Böden schliffen oder Türrahmen strichen, füllte sich Mias Topf der Träume mit Sehnsüchten.

Als der erste Frost kam, sprengte er den alten Putz von der Hauswand und hinterließ Wunden auf der Oberfläche. Die blanken Flecken sahen aus wie eine Insellandschaft auf einem Satellitenbild. Mia klebte Zettel mit ausgedachten Inselnamen auf die Wand: »Paradise Place« und »Sunset Atoll« las ich da, bis der Regen die Papierkleber abweinte. Nur Elb-Eiland hielt sich hartnäckig und meine Liebste deutete das lachend als Zeichen.

Mia sagte einmal, sie würde sich jetzt an den kleinen Dingen im Leben erfreuen. Das würde das Leben gewaltig entspannen. Denn dann bräuchte sie nicht mehr die großen Ereignisse zu ersehnen. Sie warf mir oft vor, dass ich unseren Plänen entfliehen würde, und ich erklärte regelmäßig:

»Nicht ich fliehe vor unseren Plänen, sondern die Zeit flieht vor mir davon.«

Wir lernten uns mit Mitte zwanzig kennen. Ich sprühte gerade einen großen Mittelfinger auf den weißen Golf des neuen Lovers meiner Ex, als Mia mich dabei überraschte. Ob ich auch andere Farben dabei hätte, fragte sie mich und als ich verneinte, ging sie in den Wohnblock und kam mit einer Sprühdose Farbe wieder. Sie verzierte den gestreckten Fuck-U-Finger mit roten Kurven und bezeichnete ihr Werk als frei interpretierbare Chrysantheme. Warum sie das mache, hatte ich fassungslos gefragt und sie antwortete, auch wenn der Wagen erst seit vierundzwanzig Stunden in ihrem Besitz sei (ein Schnäppchen von ihrem Nachbarn), so fand sie die Farbe Weiß schon immer langweilig. Ich hätte ihr maßgeblich bei der Entscheidungsfindung geholfen, wie sie das ändern könne. Dem Schlimmsten einen Blumenmoment abgewinnen. Typisch Mia.

Gerda ruft an. »Ist sie da?«, fragt sie und ich muss grinsen. Ihr Tonfall ist routiniert vorwurfsvoll.

»Ja«, antworte ich, »bei mir. Mir gegenüber im Sessel«. Ich schneide Grimassen in Mias Richtung. »Möchtest du sie sehen?«

Meine Schwiegermutter macht einen komischen Laut. Sie hat Mia noch nicht verziehen, dass sie ohne einen Ton in die Schweiz gereist war. Ich kann mir richtig vorstellen, wie Gerda die Lippen zusammenpresst, wie sie es immer macht, wenn sie wütend ist. Mund auf bei Überforderung. Vielleicht sieht sie jetzt aus wie ein Fisch auf dem Trockenen: abwechselnd zu und auf. Zu und auf.

Bei Fisch muss ich an Hamburch denken, erzähle Gerda aber nichts davon, dass Mia und ich bald aufbrechen werden. Für Gerda war es damals auch schwer. Das Kind in der Klinik. Sie in einem Gästezimmer nahe Kiez. Alles andere war nicht bezahlbar. Die Geschichte mit den Kakerlaken konnten Mia und ich wortwörtlich rezitieren. Die scharfen Linien um Gerdas Mund auch hauchzart in Mias Mimik erkennbar. Aber nicht in diesem Augenblick. Wenn ich jetzt ihr Gesicht vor mir habe, sehe ich ausschließlich ihr strahlendes Lächeln. Nur für mich. Gerda schweigt immer noch am Telefon. Sie ist sauer, weil Mia ohne ihre Genehmigung abgereist war. Sie war es gewohnt, die Kontrolle über ihre Tochter auszuüben. Nachdem Mias Vater das alles nicht mehr ertragen konnte, waren die beiden allein geblieben.

Die letzten Monate hatten Mia und Gerda täglich telefoniert und mir wurde bewusst, dass ich immerhin eine Gemeinsamkeit mit meiner Schwiegermutter habe: den Beschützerinstinkt für diese besondere Frau.

Ob leichtes Gepäck in Ordnung wäre, frage ich Mia kurz vor der Abreise, und ich muss mich nicht einmal umdrehen, um ihr Lächeln zu sehen.

Früher war das Packen der Tasche ihre Aufgabe. Vertauschte Rollen. Vorher war ich so stark ins Geschäft eingebunden. Mia blieb daheim, machte es uns schön. Und ich brauchte mehr als zwanzig Jahre, um in diesen vier Wochen zu begreifen, wie wichtig mir das war. Mir das ist.

Das Geschäft ist verkauft. Schon bevor Mia ging. Wir wollten endlich aus dem Trott, aufhören, uns im Kreis zu drehen. Gefangen sei ich, hatte sie gesagt, als hinge ich mit meinem Schlips im Schredder fest, und ließe mich in den Aktenvernichter ziehen. Wütend hatte ich die Faust geballt, haute nur gegen etwas, das nicht kaputt ging. War ich es doch, der das Geld verdiente.

Mia wollte arbeiten, aber sie war oft krank. Fand ihre Grenzen nicht, überforderte sich, scheiterte, packte ihre Träume in den Topf und versuchte stattdessen, mir den Rücken zu stärken. Ich wuchs für uns beide und Mia ... Mia war plötzlich weg. Und ich begriff, ich wollte nicht ohne sie sein. Ein mialoses Leben ist mehr als nur ein Strich in allen Farben! Es ist der größte Donnerbalken der Welt! Größer als jeder Fernsehturm! Größer als ganz Hamburg!

Aber jetzt ist sie wieder bei mir und wir können den Reset-Knopf drücken. Keine unnötigen Fesseln. Ich sehe Mia lachen, angesichts meiner Unordnung in der Tasche. Eine für uns zwei und den Topf der Träume. Ihr Kichern in meinem Ohr. Sie ist auf ihrem Lieblingssessel regelrecht dahindrapiert, und ich flüstere:

»Es tut mir leid, dass ich so ein Idiot war. Dass die Arbeit das Wichtigste war. Ich habe die Zeit nicht fliehen gehört und jetzt jage ich ihr hinterher. Nicht das Röcheln der Kaffeemaschine, die einmal mehr durchläuft, weil ich wieder eine Nacht durcharbeiten muss, ist das Geräusch der fliehenden Zeit. Meine Zukunftsangst hat die Zeiger der Lebensuhr ins Rotieren gebracht.«

Ich starre auf den Boden, kann erst nicht sprechen; sie wird mich hören: »Liebste, dein Lachen im Nebenraum, dein Atmen in der Nacht, das ist, was ich brauche.«

Ich sehe zu ihr herüber und sehe sie nicht lächeln. Erkenne nichts. Erst mit geschlossenen Augen spüre ich endlich ihre Hände auf meinen Wangen, ihren Kuss auf meinem Mund und weiß, jetzt ist es okay.

Die vergehende Zeit klingt anders. Sie ist das Geräusch meiner Atmung, während ich erwarte, Mias Schritte zu hören, die nicht kommen. Das begriff ich, als Mia in der Schweiz war. Ich weiß jetzt, dass die Abwesenheit ihrer Schritte, das wahre Geräusch der fliehenden Zeit ist.

Mia war stets der Wahrheit verpflichtet. Ich frage mich oft, warum meine Frau ihr so ergeben war. Sie war nicht christlich erzogen worden und Gerdas strenge Art hatte sicherlich ihre Tochter eher dazu verleitet, Realitäten neu zu erfinden. Vielleicht kam es durch ihre Krankheit aus Kindheitstagen.

Nichts sei schlimmer, als wenn jemand sagt, »alles wird gut«, aber nichts werde gut, hatte Mia mal gesagt.

Allerdings hat sie mir vor ihrer Abreise auch nicht alles offenbart. Ich begreife erst im Nachhinein, was für eine Kraftanstrengung das für sie gewesen sein muss. Sie hatte in den letzten Monaten gelernt, dass man Wahrheiten dehnen kann.

Ich nehme sie in den Arm, als ich das Haus verlasse. Es ist kurz nach Mitternacht. Hamburg wird noch voller Leben sein. Hier ist alles tot. Den Schlüssel lege ich für den Makler unter den Blumentopf am Eingang. Wir schauen uns nicht um.

Es ist eine lange Fahrt voller Stille. Wir schweigen aneinander gelehnt, denn es gibt nichts zu sagen, nur zu empfinden.

Kein Stau auf der A7. Trotz der ganzen Baustellen erreichen wir die Hafencity ohne Behinderung.

»Ohne Behinderung!« Ich höre Mia lachen. Ja, jetzt gibt es keine Behinderungen mehr. Ein Parkplatz am Baumwall. Nur über eine Brücke bis zur Elbphilharmonie. Mia in meinem Arm. Ein paar Nachtschwärmer um uns herum. Wir fallen gar nicht auf. Die Elphi-Plaza ist geschlossen. Natürlich, was dachte ich nur? Und ich lehne mich über das Geländer zur Elbe vor dem Opernhaus. Höre das Wasser an die Kaimauer schlagen. Ein Wellenschlag, wie mein Herzklopfen.

Er lässt sich leicht öffnen, der Topf der Träume. Warum überrascht mich das? Ich sehe Mias Lächeln.

Ich hatte mir vorgenommen, nicht zu weinen. Nie klappt das, was ich mir vornehme! Strich! Ich habe ein Geräusch erwartet. Mias Seufzen, vielleicht. Aber ich höre nichts außer das Wasser und den Hamburger Wind, als Mias Asche über die Elbe weht. In der Dunkelheit sehe ich nicht wohin.

MUTTERS STICHELEIEN 2.0

Jemand, der in der Tasche die Faust ballt, kann eher ein Lächeln vortäuschen, als ein Mensch ohne Taschen, fand Miriam. Sie hatte nur ihr Wohlfühlkleid an, nichts für öffentliche Augen, dünnwandig und rot und absolut taschenlos.

Mutter hasste Miriams Kleid, furchtbar sähe sie darin aus und wie könne sie so bekleidet jemals jemanden gefallen? Miriam hingegen schlüpfte jeden Samstagnachmittag freudig hinein wie der olle Nachbar Pott nebenan in seine ausgeleierte Jogginghose. Am Wochenende entspannte sie sich gerne vor dem Fernseher und zelebrierte diese Zeit mit einer Tonne Schaumwaffeln. Etwas Süßes nach all den Chips. Damit das luftige Waffelgebäck sich nicht sofort in Luft auflöste, hatte sie das Stricken angefangen. Auf fünf Nadeln zauberte Miriam bunte Strümpfe, wenn sie der Heißhunger heimsuchte. Entsprechend trugen mittlerweile alle Menschen in ihrem Umfeld bunte Socken. Selbst Mutter und Nachbar Pott. Sogar Susi, ihre Exfreundin. Die konnte sie allerdings gerade mal am A..., dachte Mirjam zornig.

Apropos A.: Niemals hätte sie rückblickend erwartet, die Wangen wieder rot vor Scham bei der Erinnerung, dass an diesem Tag so viele Leute ihren blanken Po betrachten würden. Eher sei es blanke Ironie, dachte Miriam, hatte sie doch zum Abnehmzweck extra das Stricken angefangen und nun bewahrte sie die Fettschicht vor größerem Schaden.

Die Werbung lief, ein optischer Befehl, die Naschwerkdose aus der Küche zu holen. Zurückgekehrt ließ sie sich auf das Sofa plumpsen. Der Schock saß tief und nicht nur der. Waffeln regneten zu Boden, Miriam schrie wie am Spieß und das war sie ja schließlich auch! Eine Stricknadel steckte fünf Zentimeter tief in ihrer Pobacke. Zeit für eine Ohnmacht entschied ihr Körper.

Im Nachhinein wusste sie jetzt, dass der Couchtisch eine Fehlentscheidung war. Hätte sie damals sich gegen Susi durchgesetzt und den runden gekauft, die Tischecke hätte ihr beim Sturz kein blaues Auge verpassen können.

Auch der Zuckertraum war eine Enttäuschung, ein aufgeschäumtes Fünf-Minuten-Glück, zumindest bei ihrer Naschgeschwindigkeit. Doch selbst ihr blieb nach diesem Erlebnis der Appetit weg.

Das Behältnis war eine Art Trommel, ähnlich der 1970er-Jahre-Waschmittelpackungen, als es noch nicht schick war, alles in Miniformate zu konzentrieren, so wie etwa Susis neue, in Größe S komprimierte Freundin.

Tags zuvor passte die Waffeltonne nicht in den Stoffbeutel, so wie Miriam nicht in Susis Leben. Umständlich hatte sie die Packung unter den Arm geklemmt, sichtbare Sünden, die ihr peinlich waren und stieg die Stufen zu ihrer Wohnung hinauf. Als sie den Schlüssel suchte, rutschte die Trommel aus ihrer Umarmung und kullerte die Treppe hinunter, genau vor die Füße ihrer neuen sexy Nachbarin, die gerade vom Joggen kam. Deren wohlgeformter Körper zeichnete sich unter dem verschwitzten Shirt ab und Miriam wünschte sich, sie hätte mehr Strümpfe gestrickt.

Als sie nach ihrem Sturz erwachte, war Miriams Kopf in Waffelmasse gebettet, das Haar voller rosa Flocken. Sie drehte sich, sah auf ihren Hintern und erbrach sich in die Plastiktonne. Nachdem der Schock einem Entsetzen gewichen war, drängte sie sich zur Ruhe.

»Denk nach, Miriam, man soll nichts mit heißer Nadel stricken.«.

Eigentlich hatte sie unbewusst bereits erwartet, dass ihr Tag in die Hose geht. Als sie am Morgen auf der Packung ihres feuchten Klopapiers las: »Dein Spa-Erlebnis der Sinne«, da ahnte sie, dass ihr Tag beschissen wird. Ein Spa-Erlebnis sollte nicht von einem Fäkaliengeruch begleitet werden, fand Miriam, was natürlich im Umgang mit feuchtem Klopapier nicht ausbleibt.

Was sollte sie jetzt tun? Mutter wollte sie nicht anrufen. Mama war rank und schlank, eine Nikotinelfe. Wohlfühlkleider waren ihr fremd. Sie kleidete sich lieber in enge Jeans und Mode, deren Zielgruppe gerade der Hello-Kitty-Begeisterung entwachsen war.

Als Miriam einmal am Gefrierfach festgeklebt war, weil sie sich mit feuchter Hand ein Eis aus der kalten Lade nahm, hatte ihre Mutter sie nach ihrem Hilferuf nicht gleich befreit, sondern erst Fotos von ihrer misslichen Lage für Facebook gemacht. Ob sie die wirklich postete, wusste Miriam nicht. Denn Mutter hatte ihre Tochter bei Facebook blockiert, damit Miriam nicht ihre männlichen Chatpartner sähe. Sehr pubertär für sechzig Jahre, fand Miriam.

Und Susi anrufen? Niemals! Deren neue Freundin war ein Konzentrat, komprimiert in Kleidergröße 36.

»Eine Fee mit süßen Früchtchen«, sagte Susi, eine Stabheuschrecke mit Zwergnippeln, fand Miriam. Wenn sie daran dachte, die würde später mit der Heuschrecke über das Missgeschick sprechen, bohrte die Stricknadel sich direkt weiter, tödlich in ihr Herz.

112 wählte Miriam. Das war ein Fehler. Es dauerte mehr als zwanzig Minuten, bis der Herr vom Rettungsdienst begriff, sie habe nicht das Spa-Erlebnis der Sinne verlängert. Sie solle sich nicht schämen, denn viele Männer stecken sich etwas in den Po, beruhigte er sie. Miriam warf ihr Handy an die Wand. Als klinge sie männlich! Das Telefon zersprang und ihr Problem wurde vom Schicksal auf die Spitze getrieben.

Alternativlos musste sie beim ollen Pott klingeln. Aber der ignorierte sie wie immer, wenn er nicht gerade etwas geliehen haben wollte. Stattdessen öffnete sich die Haustür im Flur, korrespondierte mit ihrem offenen Zimmerfenster, ließ ihre Wohnungstür zuschlagen und spuckte den Postboten in den Flur, der die Kästen fütterte.

Miriam drapierte ihren dünnen Stoff über ihren Hintern und fragte den Mann, ob er zufällig eine Zange dabei hätte. Der musterte sie von oben bis unten, verweilte dabei bei ihrem Busen und verließ wortlos das Haus.

Miriam vermisste eine Tasche zum Fäusteballen.

Ausgesperrt und aufgespießt musste sie sich anderswo Hilfe holen. Zum Glück befand sich in der Nähe ein Baumarkt. Hier konnte sie bestimmt kurz hinter einem Regal verschwinden und sich eine Zange leihen.

Der Laden war brechend voll. Ein Mencheneintopf aus Handwerkern, Vätern, Quengelgören und Rentnern, die Alibi-Artikel kauften und eigentlich nur ins integrierte Restaurant wollten, weil dort bis 16 Uhr die Schnitzel nur drei Euro kosteten.

Alle starrten sie an. Mirjam hatte noch nicht mal die Werkzeugabteilung erreicht, als sich eine Pranke auf ihre Schulter legte. »Junge Frau, was haben Sie unter ihrem Kleid?«

›Scham, Fettschürze und Stricknadel‹ wollte sie antworten, brachte aber nur einen grunzenden Laut heraus. Der Detektiv führte die Verstummte in das Büro der Geschäftsleitung. Da fand Miriam neben Worten auch ihre Fassung wieder und erklärte, nein, sie erflehte Rettung! Sie hob sogar ihr Kleid und ihre schamroten Wangen konkurrierten mit dem dünnen Stoff. Irgendwann begriff auch der Baumarkt-Aufseher, dass Zuckerschaumfrisur, Veilchenauge und Nadel im Po nicht bedeuten mussten, dass jemand durch Drogen high sei.

Ob er das Ding rausziehen könne, fragte Miriam. Das ginge nicht. Wegen der Versicherung. Viel zu gefährlich und so, meinte der Mann und versuchte, unauffällig ein Bild mit seinem Handy zu knipsen.

Und könne er ihr wenigstens eine Zange mitgeben? Nur bis Montag, sie wohne ja um die Ecke. Wenn sie die bezahle, erwiderte er und Mirjam ballte die Fäuste ganz ohne Taschen.

Krankenhaus, Notaufnahme. Etwas anderes fiel ihr nicht ein. Ob man ihr ein Taxi rufen solle, wollte der Detektiv wissen. Und wie bezahle sie das, krächzte Miriam wütend. Vielleicht mit ihrem Körper? Und wie könne sie darin fahren? Bäuchlings auf dem Dachgepäckträger?

Am Bahnhof war Miriam erfrischend unsichtbar. Die Passanten starrten auf ihre Smartphones, checkten WhatsApp und verpassten Miriams Facebook- und Instagram-würdigen Auftritt. Mutter wäre bitterlich enttäuscht, wenn sie ahnen würde, welch like-trächtige Performance ihre Tochter an diesem Samstagnachmittag offerierte.

In der Bahn suchte sie Freiraum für ihren Hintern.

»Sit, please!« Der dunkelhäutige Mann räumte seinen Platz neben der Tür, strahlte und winkte ihr zu.

»No, thanks.« Sie wollte nicht unhöflich wirken, schon gar nicht ausländerfeindlich. Aber der Fremde bohrte nach, verhakte sich in die Idee, Miriam seinen Platz zu überlassen, und zog sie schließlich am Arm Richtung Polsterung.

»No, no, no!«, rief sie verzweifelt und die Tränen kullerten von allein, »please, no!« Und sie schrie so laut, wie es ein nicht diskriminierendes Verhalten erlaubte, weil sie doch niemanden echauffieren wollte.

Sie schloss die Augen, bereitete sich auf den bohrenden Schmerz vor und hörte jemanden brüllen: »Belästigst du etwa deutsche Frauen?« Und ein Kerl, der nicht sonderlich arisch aussah und dem vermutlich mal die Kosaken durch den Stammbaum geritten waren, schleuderte den Englischsprachigen von ihr weg und warf sich Fäuste schwingend auf ihn. Die S-Bahn hielt an, ein Sicherheitsbeamter stürmte herein und pflückte den braunen Typen von dem Schwarzen.

Miriam verfiel in einen leichten Trab durch den Bahnhof Richtung Krankenhaus. Sie war schnell außer Atem, eine Rubensdame war nicht zum Laufen geboren und Gedankenstiche an Susi nadelten auf sie ein. Wohnte sie nicht in der Nähe? Sie änderte ihr Tempo in einen Galopp.

An der Notaufnahme wollte die Verzweiflung aus ihr sprechen, aber das Übergewicht nahm ihr die Worte. Beinahe hätte sie sich vor Erschöpfung auf einen Stuhl plumpsen lassen. Aber es gab ein stichhaltiges Argument, das dagegen sprach.

Ob sie ihre Krankenkassenkarte dabei hätte?

»Nein, ich habe mich ausgesperrt!«

Miriams Zorn wandelte sich in Verzweiflung.

Ja, dann könne man ihr nicht helfen.

Ihre Hilflosigkeit formierte sich wieder in Wut: Sie sprang auf den Tisch im Wartebereich, hob ihr Kleid bis über die Ohren, schrie und trampelte: »Hilfe! Ich brauche Hilfe! Ich will nur einfach, dass mir jemand die verfluchte Nadel aus dem Po zieht! Wer hilft mir?« Und die Tränen strömten und klebten den roten Stoff auf ihre Wangen.

»Ich.«

Die Stille in Raum war noch lauter als das Rauschen in Miriams Ohren. Sie hielt die Luft an, zählte bis zehn, bevor sie ausatmete, und lugte vorsichtig über ihren erhobenen Saum. Als sie das schöne Gesicht erkannte, ließ sie das Kleid fallen und drückte den Stoff mit flatternden Händen an ihren Körper.

»Warum Sie?« Miriam fixierte ihr Kinn.

»Weil ich Ärztin bin und heute Dienst habe.«

Zu Mirjams Tränen gesellte sich ein Schluckauf.

»Nein, warum muss mir das Schicksal meine sexy Nachbarin schicken, anstatt den ollen Pott mit einer Zange?«

»Vielleicht, damit wir uns mal richtig kennenlernen?« Die schöne Frau lachte.

Oh je, dachte Miriam, die Brust vom Schluckauf malträtiert, sie ist auch noch nett. Und sie stellte sich ihrer Erniedrigung.

Als sie am nächsten Tag erwachte, überlegte sie, wie sie den ollen Pott umbringen könnte. Vier Stricknadeln hatte sie ja noch dafür übrig. Das rote Kleid verstieß sie. Bisher nur in die Schmutzwäsche, aber sie dachte über eine Feuerbestattung in der Mülltonne nach.

Nur eines vermisste sie vom gestrigen Tag: Waffeln. Die hatte sie mit ihrem Erbrochenen entsorgt. Dabei satinierten die Süßigkeiten doch ihre Speiseröhre für all die harten Brocken, die sie im Leben zu schlucken hatte.

Es klingelte und zögerlich ging Miriam zur Haustür. Als sie öffnete, strich sie über die Stelle, die der Schlüsseldienst zerkratzt hatte. Dann sah sie auf. Eine Tonne Waffeln baumelten vor ihrem Kopf, das schöne Gesicht strahlte daneben.

»Nachdem ich Sie neulich mit den Waffeln sah, musste ich mir auch welche kaufen.« Miriams sexy Nachbarin schob sich an ihr vorbei. »Haben Sie einen Kaffee für mich? Ich habe ein stichhaltiges Argument, dass Sie mir noch etwas schulden. Ich bin Hanna.«

Mutter erfuhr erst beim gemeinsamen Weihnachtsfest, wie Mirjam und ihr Liebste sich kennengelernt hatten.

»Ein süßer Schmerz hat uns zusammen gebracht«, säuselte Hanna und küsste Miriam auf die Wange, während sie ihr einen Lebkuchen in den Mund steckte. Mutter nahm ihrer Tochter das Gebäck aus dem Gesicht und warf es auf den Teller.

»Du wirst zu dick, Mirjam!« Kopfschüttelnd musterte sie ihre Tochter. »Und mal ehrlich, wie schmerzlos muss man sein, das ganze Stricknadeltheater zu veranstalten, nur um die Nachbarin anzusprechen?«

Und Miriams Taschen füllten sich mit ihren geballten Fäusten.

URINSTINKT

Eigentlich hatte Peter erwartet, dass Leo ihn schwanzwedelnd an der Tür begrüßte, wenn er von der Arbeit käme. Bereits im Treppenhaus klimperte er absichtlich laut mit dem Schlüsselbund, um seinem Retriever die Chance zu geben, rechtzeitig zu erwachen. Das schlechte Gewissen nagte an ihm, weil er den Hund ein paar Stunden allein gelassen hatte. An Homeoffice hatten sie sich beide gewöhnt. Das hätte gerne so bleiben können, auch wenn die Wohnung klein war: ein Zimmer, Küche, Bad. Für mehr reichte das Geld nicht, seitdem Luise nach seinem Rauswurf auch noch Unterhalt forderte.

Natürlich war Peter es mittlerweile egal, dass sein kleines Reich immer nach nassem Hund roch, aber nachdem er einen Tag in der Woche im Büro erscheinen musste, hatte Leo sich angewöhnt, das eine oder andere zu zerkauen. Vor allem Schuhe.

Peter ließ seinen Aktenkoffer fallen und Leo schreckte aus dem Schlaf hoch. Spucke und die Reste seines Turnschuhs bildeten eine Spur von der Eingangstür bis zum Sofa.

»Das ist der vierte Schuh, den du auf dem Gewissen hast!«, brüllte Peter den Hund an.

Leo war kaum beeindruckt und ließ sich langsam vom Sofa gleiten. Ein gurgelnder Laut entstand beim Gähnen und er trottete in die Küche zum Trinken.

»Alle reif für die Mülltonne!«, schimpfte Peter, hob den noch unversehrten zugehörigen Schuh auf und stopfte das

Paar, über Leo gebeugt, in den Küchenmülleimer. Der Hund hob den Kopf, beobachtete gelassen das menschliche Emotionsspektakel und trottete zu seinem Körbchen.

»Könntest du nur reden!« Peter blieb vor ihm stehen und zeigte mit dem Finger auf ihn. Der buschige Hundeschwanz deutete eine minimale Regung an, als wolle er etwas sagen.

»Nur einmal! Einmal möchte ich dich fragen können, warum du das machst!«

Nach einem kurzen Hecheln ließ sich der Retriever auf die Seite plumpsen. Repressalien waren scheinbar nicht zu erwarten.

Als Peter das Licht löschte, war es bereits nach Mitternacht. Finsternis eroberte den Raum, während er sich hin und her wälzte. Luise fehlte ihm. Ihre Hand, die nachts manchmal seinen Arm gesucht hatte. Ihre leisen Atemgeräusche. Manchmal machte die Stille einen ruhelos. Leos raue Zunge kam unerwartet und bearbeitete Peters Gesicht. Er schreckte hoch, suchte die Brille am Bett und knipste das Licht an. Der Hund saß vor seiner Schlafstätte und grinste ihn an. Wie war das möglich? Hunde konnten nicht grinsen.

»Was ist los, Leo?« Peter rieb mit dem Schlafanzugsärmel über das Gesicht.

Der Angesprochene bewegte sich nicht, zog nur kurz die Luft durch das Maul ein, als wolle er ein Stückchen Schuh zwischen den Zähnen herauslutschen, schaute seinen Menschen unentwegt an und sprach endlich salbungsvoll: »Du kannst mir fünfzehn Fragen stellen. Die werde ich dir alle beantworten!«

»Was?« Peter verschluckte sich, krümmte sich hustend, alles zog sich zusammen. Ein Beweis, dass er wach war. Kein Traum malträtierte das Zwerchfell. Verwirrt suchte er Leos Blick.

»Soll das deine erste Frage sein?« Der Hund senkte den Kopf leicht zur Seite und kratzte sich dabei mit dem Hinterbein an der Schulter.

»Nein!« Mit flachen Handflächen klatschte Peter sich an die Wangen, bis diese zartrosa wie seine alten Badezimmerfliesen leuchteten. Die Jalousien waren nicht heruntergezogen und er konnte die vereinzelten erhellten Zimmerfenster im Nachbarblock erahnen. Ob hinter einer dieser Lichtflecke auch gerade ein Tier den Verstand seines Herrchens auf die Probe stellte?

Er richtete sich im Bett auf, frontal zu Leo, atmete tief ein, aus, schloss kurz die Augen, dachte an Luise, die jeden Morgen den Tag mit ihrem »Alles-ist-möglich-Universum«-Mantra begann.

Er räusperte sich, bevor er sprach. »Geht es dir bei mir gut?«, fragte er, noch mit leiser Tonart, als unterläge seine Stimmgewalt genauso einem mysteriösen Phänomen.

Luise hatte ihn auch nicht gehört. Nicht einmal, wenn er ihr sagte, dass er sie liebte und er nicht gehen wollte.

»Das müsstest du doch wissen, Boss!« Leo legte sich bequem auf seinen Bauch und streckte die Hinterläufe Richtung Küche. »Ich darf auf dem Sofa schlafen, wenn ich es will. Nachts krieche ich in dein Bett und du rückst immer brav zur Seite, quetscht dich an die Wand, damit ich bequem liegen kann. Kratze ich an deinem Bein, gibst du mir gleich ein Leckerli. Und will ich mal gekrault werden, brauche ich dich nur anzuschauen. Ich glaube nicht, dass irgendein Mensch auf Erden solche Privilegien, wie ich sie habe, besitzt, wenn er einfach nur nackt und mittellos durchs Leben läuft.«

Peters Unsicherheit nahm proportional zu Leos Selbstgefälligkeit zu. Trotzdem beeindruckte ihn die Eloquenz des Tieres. In der Hundeschule hatte er die wohl nicht erworben.

»Liebst du mich, Leo?«

»Mache dir da mal ja keine falsche Hoffnungen!« Leos blonde Ohren wanderten hektisch vor und zurück, während sein Schwanz auf den Teppich peitschte. »Ja, aber nur rein platonisch!«

»Natürlich platonisch!«

»Du grabbelst so viel an mir herum, da bin ich mir halt manchmal nicht so sicher, wie das gemeint ist.«

Der Hund sah ehrlich besorgt aus. »Du bist einfach nicht mein Typ.« Er schielte auf Peters Glatze. »Muss man mögen, so wenig Haare«, aber, ergänzte der Retriever, er könne ja nichts dafür, dass er ein Mensch sei.

Unbewusst strich sich der Angesprochene über den Kopf. Es war still im Raum und Peter hörte seine Gedanken wie Schaben durch den Raum flitzen. Immer, wenn er dachte, sein inneres Auge hätte einen Gedanken erfasst, verschwand dieser schon hinter seiner Ratlosigkeit.

Die nächste Frage kostete ihn Mut. In einer Nacht wie dieser war alles möglich, auch, das größte Rätsel des Universums zu entblößen.

»Wenn ich sterbe, wartest du auf der anderen Seite auf mich?« Peter traute sich nicht, Leo anzuschauen, bis dieser an seiner Bettdecke kratzte.

»Mein Freund, ich kann zwar sprechen, habe aber noch keine Nahtoderfahrung gemacht. Obwohl ...« Leo schaute zur Decke, während er mit dem Hinterbein das Fell am Hals mit seinen Krallen durchkämmte, »als diese riesige respektlose Töle neulich auf mich zu getrappt kam, da fühlte ich mich dem Jenseits schon sehr nah ...«

Der Hund legte sich vor Peter auf den Teppich und kaute an seiner Vorderpfote. Die Hinterbeine lagen ausgestreckt nach hinten. Sein Herrchen schaute eine Weile zu, knetete seine Unterlippe mit den Fingern, kratze sich am Ohr und räusperte sich.

Bei der nächsten Frage betrachtete Peter seine Fingernägel: »Wäre eine Kastration sehr schlimm für dich? Ich kann dich immer kaum an der Leine halten, wenn du eine läufige Hündin riechst.«

Der Hund hielt inne, streckte sich, seine Rute richtete sich kurz wie eine Antenne auf, die was zu senden und zu empfangen hatte. Die Silben langgezogen wie ein Kind sein Kaugummi mit den Fingern streckte, pappte er anschließend seine Antwort genussvoll an Peters pietätlose Frage. »Dann lass mich doch einfach laufen!« Der Hund begutachtete seine Krallen und knipste mit den Zähnen einen Hornhobel ab. »Besorg mir dann lieber ein Mädel! Wie bei Frage eins bereits angemerkt, deckst du doch sonst auch alle meine Bedürfnisse ab. Und mal im Ernst: Stell dir mal vor, ich würde dich das fragen!«

»Was würdest du mich als Mensch fragen wollen, Leo?«

Bevor er antwortete, trottete der Hund in die Küche, kam mit einem angenagten Ochsenziemer zurück und begann darauf herumzukauen. »Es stört dich doch nicht, dass ich dabei fresse?« Der Retriever schmatzte. »Nur ein Scherz! Das war nicht meine Frage!«

Peter rührte sich aus seiner Erstarrung und ließ langsam die Beine aus dem Bett gleiten, stellte die Füße auf den Boden. Alles fühlte sich wie immer an. Das Parkett kalt an seinen Sohlen. Reste von Erde nahm er wahr. Das Leben mit Hund war kein krümelloses. Während Leo sprach, starrte der Hund den Snack an, als wäre jede nicht kauende Sekunde ein verschwendeter Moment in seinem Leben.

»Meine Frage ist: Warum müsst Ihr Menschen immer alles mehrfach in Babysprache proklamieren?« Er klemmte die Lefzen halb in seine Schnute und formte ein spitzes Maulende: »Oh, hast du ein schönes Häufchen gemacht. Ja, feines A-a!« Er schüttelte sich. »Menschenrüden reden so bereitwillig über die Größe unserer Haufen. Da werden gerne mal Durchmesser verglichen, mit gespreizten Händen demonstriert und Stapelhöhe angezeigt. Alles mit kraftvollen Gesten, aber absolut verdummenden Worten! Kacki habe ich schon gehört. Oder Duddi. Ich habe doch keinen IQ einer Feldmaus!«

Leo schnaubte, als säße die Empörung in seinen Nasenlöchern fest.

»Wieso hältst du Feldmäuse für dumm?«, fragte sein Herrchen verwundert.

»Weil sie sich von mir fressen lassen.« Selbstgefälligkeit schloss der Hund kurz die Augen, bevor er wieder den Ochsenziemer malträtierte.

Peter schaute eine Weile zu und bemerkte: »Du weißt schon, dass das ein delikates Teil ist«, und wies auf das durchweichte Stück.

Leo hielt im Kauen nicht inne. »Delikat. In der Tat.«

»Ein Ochsenpimmel ist das!«, versuchte Peter das Tier aus der Fassung zu bringen.

»Wohl eher ein Bullenpimmel, Herrchen«, konterte der Hund mit vollen Backen. »Ein Ochse war er erst nach der Beschneidung.« Leo ließ den zermalmten Knorpelmix auf den Teppich fallen und hechelte. »Kein Wunder, dass ich so potent bin.«

Er rappelte sich auf und trottete in die Küche, um zu trinken. Die schlappernden Geräusche erinnerten Peter an die Spucke in seiner Wohnung.

»Warum zerstörst du meine Schuhe?« Er stemmte die Hände in die Hüften was im Sitzen weder gefährlich, noch imposant aussah.

»Sie bedrohen mich!« Abrupt ließ Leo sich ins ›Platz‹ fallen. »Der Geruch provoziert mich! Sie stinken wie ein Raubtier, verfolgen mich, laufen den ganzen Tag hinter mir her, nehmen deine Füße gefangen und du störst dich nicht einmal daran!« Mit einer Kopfbewegung wies er auf die Hausschuhe. »Selbst wenn sie neben dir ruhen, fordern sie mich zum Zweikampf heraus.« Er nickte wieder der Fußbekleidung zu und knurrte sie direkt an: »Amigo, hier ist nur Platz für einen von uns!«

»Das ist doch Quatsch!« Peter flappte mit der Hand auf Leos Schnauze.

»Kein Quatsch!«, gab der Hund schnippisch zurück. »Urinstinkt ist das! Der Geruch sagt mir das! Ihr Menschen habt doch keine Ahnung! Alles hat mit Gerüchen zu tun und deine Schuhe sind da ganz schön vorlaut! Wusstest du, dass Urinstinkt getrennt: ›Urin stinkt‹ bedeutet? Warum schnüffeln wir Hunde wohl an den Genitalien anderer herum? Nur wenn deine Latschen ruhen und du sie nicht mit deinem Leben schützt, habe ich eine Chance, die Bestien zu zerstören.«

Mittlerweile war es vier Uhr morgens. Draußen schlief noch der Tag, nur ein kleiner Vogel schien das nicht zu akzeptieren und probierte mit einem zarten Tirili den Sonnenaufgang zu beschleunigen. Peter flockten die Fragen wie Luftblasen an die Oberfläche.

»Siehst du wirklich nur schwarzweiß?«

»Herrchen! Wenn jemand schwarzweiß sieht, dann ja wohl du! Denk doch einmal an deine vorherige Frage! Wärst du eine Frau, du würdest dich darüber freuen, Schuhpaare elegant entsorgt zu bekommen, um wieder neue shoppen zu können! Natürlich kann ich Farben sehen. Nicht so intensiv wie du, aber wenn ich manchmal die wilden Muster auf deinen bunten Hemden sehe, bin ich ganz froh darüber.«

»Warum bellst du im Fernsehen Hunde an, wenn ich die Hundeprofi-Sendungen schauen will?«

Peters Fragen wurde mit wachsender Müdigkeit lahm. Beim Antworten schaute der Hund nicht einmal hoch. »Damit du umschaltest. Auf dem anderen Sender gibt es zur selben Zeit ›Die Simpsons‹«.

»Warum nimmst du mich oft nicht ernst?« Während er sprach, versuchte Peter das Handy neben dem Bett zu ertasten, um Leo zu filmen.

Der Hund schnalzte, eroberte Herrchens Aufmerksamkeit, hob kurz den Hintern und erlaubte einen Blick auf das vermisste Telefon. Peters Arm schnellte vor und Leo ließ hastig seinen plüschigen Po wieder herab plumpsen.

»Du bist zu nett, Mensch!«, spottete der Retriever. »So willst du mich erziehen? Wenn das Schlimmste, was passieren kann, ist, dass ich kein Leckerli bekomme? Was soll als Nächstes kommen? Willst du mir sagen: ›Lieber Leo, hast du etwas Zeit, damit wir mal reden können?‹ Und erinnerst du dich, was du neulich gesagt hast? ›Die Rehe sind unsere Freunde!‹ Ich bin ein Jagdhund!« Der Köter schüttelte den Kopf. »Hätte ich die passenden Muskeln im Gesicht, ich hätte mich schief gelacht!«

»Nerven dich die Regeln, die ich aufgestellt habe?«, wollte Peter wissen.

»Welche Regeln? Haha, kleiner Scherz. Sitz! Platz! Aus! Die? Ja, die nerven mich! Stellt dir vor, du hast wahnsinnigen Hunger und bestellst dir eine Pizza. Nach einer gefühlten Ewigkeit findet der Lieferservice deine Wohnung. Gerüche springen dich an, die Sabber läuft dir aus den Lefzen. Der Karton ist kein ernsthaftes Hindernis. Gierig reißt du ein Stück fettige, dickbelegte Pizza ab, dein Gehirn gibt schon das Signal zum Schlucken ... Und dann kommt dein krächzendes ›Aus!‹ Ein Klaps auf den Hinterkopf und du musst das Objekt deiner Begierde auf die Erde spucken, obwohl es aus Hundesicht keinen vernünftigen Grund gibt, KEINE Menschenkacke zu fressen. Das nervt! Aber«, und Leo stupste Peters Knie kurz mit der Nase an, »manchmal machen Regeln Sinn. Stell dir vor, du bist auf einem sinkenden Schiff. Wem vertraust du mehr: Jemanden, der zu dir käme und sagt: ›Geh bitte zu den Rettungsbooten ... musst du aber nicht! Nur, wenn du willst. Ich möchte keinen Druck ausüben! Kein Problem, wenn dir das nicht zusagen würde, mach einfach, was dein Bauchgefühl dir sagt. Rettungsweste brauchst du auch nur anlegen, wenn du es möchtest; ist schon okay, mein Guter.‹« Leo legte seinem Herrchen eine Pfote auf den Oberschenkel. »Oder würdest du eher jemandem dein Leben anvertrauen, der sagt: ›Geh jetzt gerade aus, den Gang runter, Weste an, ab ins Boot und dann wirst du überleben!‹«

Peter horchte in sich hinein, ob sein Verstand noch anwesend war, oder angesichts dieser einleuchtenden Argumentation protestierte.

»Warum drehst du dich immer, bevor du dich schlafen legst? Ist dir das Bett zu unbequem? Manche Leute glauben ja, Hunde würden somit, genetisch bedingt, wie einst Steppengras platt treten, damit es nicht beim Schlafen stört. Ich halte das für eine Mär.«

»Schlag ein!«, frohlockte Leo und hielt Peter seine Pfote zum Abklatsch hin. »Unfassbar, wir sind mal einer Meinung!« Seine Verwunderung, so theatralisch sie auch erschien, war echt. »Hast du schon mal in einem total versandeten oder verkrümelten Bett gelegen? Krümel im Bett sind das fieseste, was es gibt. Da würdest du dich auch hundertmal im Kreis drehen, bevor du dich zum Schlafen legst.«

»Wohl eher ein selbstgemachtes Problem«, frotzelte Peter. »Und hast du wirklich immer Hunger?« Er hatte sich aus dem Kühlschrank einen Joghurt geholt.

»Ich bin ein Retriever! Natürlich habe ich immer Hunger! Was für eine vergeudete Frage!«, schimpfte Leo und auch, dass sein Herrchen diese Verschwendung nicht mit einem halben Joghurt wieder gutmachen wollte.

Peter fröstelte, zog die Beine unter die Bettdecke und hielt dem Hund den geleerten Becher zum Auslecken hin. »Was kann ich tun, damit es dir besser geht?«

»Mich mal an die hübsche Pudeldame vom Nachbarn ranlassen.«

»Würdest du gerne mit jemand anderem leben?« Peter dachte an Luise, die genau diese Frage mit »Ja« beantwortet hatte, bevor sie die Tür hinter ihm geschlossen hatte.

»Ist das jetzt ein ›Fishing for compliments‹?« Leo verdrehte die Augen und leckte sich über die Nase. »Nein, wirklich, ich bin gern bei dir. Warum würden wir hier sonst miteinander reden?«

Er stupste sein Herrchen wieder an, in seiner Art der Zärtlichkeit. Der dachte an Luise.

»Meine letzte Frage an dich«, Peter räusperte sich und sah Leo in die Augen. »Warum kannst du sprechen?«

Er saß kerzengrade im Bett. Seine Beine schauten unter der Bettdecke hervor und an den nach innen gerichteten, wippenden Fußspitzen, konnte selbst der unsensibelste Hund erahnen, dass dieser Mann Angst hatte, verrückt zu sein.

»Herrchen, deshalb verstehe ich euch Menschen nicht.« Leo seufzte. »An deiner Stelle wäre DAS meine aller-allererste Frage an mich gewesen!« Der Hund schlug sich mit der flachen Pfote gegen die Stirn. »Stell dir doch nur mal vor: Ein sprechender Hund!« Leo schüttelte den Kopf und seufzte resigniert. »Aber jetzt hast du bereits fünfzehn Fragen gestellt.«

Verdutzt schaute Peter auf seine Finger, hatte er doch bei jeder Frage die Finger ein und vorsichtshalber zwei Mal zählend berührt. Eine Frage musste ihm wie ein Feldmäuschen entschlüpft sein, aber Leo hatte sie bemerkt und eingefangen.

Der Hund senkte leicht den Kopf, wandte sich ab und trottete zu seinem Körbchen. Eingestiegen in das große Hundebett, drehte er sich ein paar Mal hin und her. Peter meinte noch ein verächtliches »Steppengras – papperlapapp« zu hören, während der Retriever sich fallen ließ, den Kopf auf den Pfoten ablegte und einschlief.

Die Welt war plötzlich doppelt still, bis Leo im Traum bellte. Seine Pfoten jagten über Traumwiesen, Lider und Lefzen zuckten im Schlaf.

›Vermutlich träumt Leo gerade von meinem fünften Schuh‹, dachte Peter, streckte sich unter seiner Bettdecke aus, stellte sich Steppengras vor und dass mit Schuh

Nummer fünf auch das nächste Paar für immer verloren wäre, weil er ja nicht Captain Ahab sei. Leo und er müssten morgen bei Tageslicht vielleicht tatsächlich noch einmal darüber reden.

SCHATTENSPIELE

Der Stadtstreicher fiel Adam auf, weil er die Passanten direkt anblickte, wenn sie ihm eine Münze zuwarfen.

Adam lenkte den elektrischen Rollstuhl vor den Sitzenden und sprach ihn an. »Guten Abend«, nuschelte er und ließ noch eine heitere Bemerkung über dessen Fußbekleidung folgen. Erschrocken sah der Mann auf seine Sportschuhe.

Adam lächelte mit angetrockneter Spucke in den Mundwinkeln und zeigte mit krummen Fingern auf den Imbiss am Rande des Marktplatzes und lud den Stadtstreicher zum Essen ein.

»Ich heiße Adam«, lallte er, und der Bettler bedankte sich, erklärte, er sei Victor und drehte sich auf die Knie, um aufzustehen.

Drei Stufen führten zur Eingangstür und nach einem fragenden Blick Victors, reichte Adam ihm das Geld.

Die Türglocke schepperte, als der die Imbisstür aufdrückte und mit Speisen beladen die Stufen zu Adam hinabstieg. Er reichte ihm das Essen und setzte sich auf die oberste Stufe.

Sie aßen schweigend, verweilten beim Kaffee. Fußgänger beschrieben einen Bogen um die Männer, die deren Blicke kannten, weil die wie Splitter in der Haut die Nerven zum Brennen brachten.

»Ist der Marktplatz dein Revier?«, fragte Adam. Victor schüttelte den Kopf und erklärte, er hasse Konventionen.

Wollte sich weder den Regeln der Gesellschaft noch denen der Straße beugen.

»Heute hier, morgen da; Freiheit kann man das nennen«, proklamierte er, während Adam seine guten Zähne bewunderte, die beim Sprechen hervorblitzten. »Satt lässt sich die Freiheit besonders gut genießen«, führte der Bettler weiter aus, vor allem wenn jemand wie Adam einem über den Weg laufen – Verzeihung – rollen würde. Er sei erstaunt, dass es immer noch Menschen gäbe, die etwas für andere tun, ohne Erwartungen zu haben. »Oder willst du was von mir?«, fragte Victor hastig, schaute auf Adams Hand, die auf dem Bedienungsknauf ruhte, der mit einem Herz verziert war.

Der Angesprochene lachte: »Stimmt, Homophobie gibt's ja umsonst.«

»Nein, so bin ich nicht!«, protestierte Victor, aber Adam winkte mit schlaffer Hand ab und erwiderte, er höre das jeden Tag: Behindertenfeindlich sei man nicht, aber warum müsse er auch ausgerechnet in diesen Laden einkaufen.

Solche Worte würde man sich bei ihm sparen, erwiderte der Stadtstreicher. Man riefe gleich den Sicherheitsdienst.

»Fragen dich auch wildfremde Menschen, wie das so sei, wie du bist? Ob du Sex haben kannst? Warum deine Eltern dich nicht abgetrieben haben?« Adam flüsterte, der Unterkiefer zitternd.

»Nein«, antwortete Victor, »Fragen begegnen mir selten.« Er vergrub die Hände in den Taschen und starrte in die Ferne. Stattdessen stünde immer der Imperativ im Raum, fuhr er fort: »Geh lieber arbeiten!« Oder: »Hör auf zu saufen, dann hast du auch Geld!« Nur selten käme jemand, meist eine alte Frau oder ein Kind, und wollte wissen, warum er so sei, wie er war. »Aber das Warum«, resümierte er, »ist ein Gespenst der Vergangenheit. Von dem lasse ich mich nicht heimsuchen«.

Beim Stichwort Kind lachte Adam und erklärte, die seien die Monster der Neuzeit.

Victor sah ihn überrascht an. »Warum? Haben Kinder nicht als Einzige eine Unbefangenheit, mit der dir sonst niemand begegnet?«

»Doch«, Adam nickte, und es sah fast normal aus. »Aber die ist unglaublich anstrengend. Die fragen nicht nur, die fassen auch an. Willst du jeden Tag ein fremdes Gör an dir kleben haben, das meint, dich einfach berühren zu dürfen als wärst du eine Attraktion?« Adam fuhr mit dem Rollstuhl vor, sodass seine Knie Victors Hosenbein streiften.

»Nein«, sagte der wieder in die Ferne, »das Problem habe ich nicht. Eher das Gegenteil.« Er könne manchmal sehen, dass die Leute den Atem anhielten, wenn sie ihn passierten. Dabei stinke er nicht. Er würde nicht mal einen Furz lassen, selbst wenn er die ganze Woche nur Gammelgemüse aus der Biotonne gegessen hätte. Aber Adam wob weiterhin an seinem eigenen Erzählstrang. »Und die Eltern sind auch noch stolz, weil ihre Kinder so unbefangen mit Krüppeln umgehen.« Wütende Worte ließen seine Finger sich strecken. »Dabei bin ich ansonsten unsichtbar! Niemand sieht mich! Ich werde reduziert auf das hier«, und das eingeknickte Handgelenk wies auf seinen Brustkorb. »Manchmal lasse ich aus Spaß meine Spucke aus dem Mundwinkel tropfen, um zu sehen, wie die Menschen reagieren. Aber es macht keinen Unterschied.«

Victor erklärte, er schätze allerdings, dass niemand Erwartungen an ihn habe. Kein Hab und Gut bedeute auch keine Kredite und keine Verantwortung. Auch der Reichtum sei eine Zwangsjacke und jeder sähe nur auf die Rolex, die man am Arm trüge, bis man selbst glaube, nackt sei man wertlos und unsichtbar. Das erlebe er jetzt anders. »Der geschenkte Euro ist ein Akt der Menschlichkeit!« Und selbst wenn ihn der Imperativ verfolge wie ein schlechter Geruch, überrasche es ihn, wie Menschen etwas ohne Gegenleistung täten. »Aber die meiste Zeit falle ich nicht auf.«

Adam erwiderte lachend, er hingegen könne nicht mehr auffallen, selbst wenn er sich eine Clownsnase auf die Nase schraube. »Aber nur der äußere Adam, den inneren sieht niemand. Außer du ...«

Der Glöckchenstrang schepperte gegen die Glastür, als der Imbissbetreiber heraustrat: »Jetzt haut ab hier! Wegen euch bleibt die Kundschaft weg!«

Adam und Victor sahen sich erstaunt an.

»Wir haben gerade unsere Schnittmenge gefunden«, sagte Victor und strich lächelnd über seinen Bart.

»Nicht wir«, antwortete Adam, eine Blase im Mundwinkel, »er hat das!«, und zeigte mit gekrümmtem Finger auf den Imbissbetreiber, während Spucke auf den Oberschenkel tropfte.

Als Adam fortgefahren war, stand Victor auf. Mittlerweile malten die Straßenlaternen Kreise auf den Boden. Der Stadtstreicher schlug den Mantelkragen hoch und versuchte, zu vermeiden, die Lichtkegel zu betreten, während er die Straßen entlangging und seinen Platz zur Nacht aufsuchte. Er blieb vor einem Bungalow mit großer Glasfront stehen. Am Fenster stand eine Frau und telefonierte, das Gesicht lächelnd zum Garten gewandt. Victor duckte sich hinter einem Busch, bis er begriff, dass das Lächeln nicht ihm galt und die Frau nur ihr eigenes Spiegelbild in der Fensterscheibe betrachtete.

Gebückt schlich er an dem Sportwagen auf der Auffahrt vorbei und erreichte eine Treppe an der Seite des Hauses, die zum Untergeschoss führte. Mit angehaltenem Atem öffnete er die Tür und begann seinen Abstieg, tappte vorsichtig auf Zehenspitzen in den Keller. Ein kleines Bad befand sich dort. Er entkleidete sich eilig, stellte sich unter die Dusche und dachte an Adam und welche Hilfe der wohl bräuchte, um sich vom Staub der Straße und den Fingern der Kinder reinigen zu können.

Müde kleidete Victor sich in einen Jogginganzug, der an einem Haken im Flur hing. Die Kellertür zum Wohnraum öffnete sich, zu erkennen, nur die Silhouette der Hausherrin. Ein fragendes »Hallo« stolperte die Stufen hinab und nach einem Zögern antwortete er: »Ja, Schatz, ich komme«.

»Du warst lange weg, Victor.«

»Bin heute die große Runde gejoggt.« Victor starrte auf seine nackten Füße, holte tief Luft, nahm die dreckigen Sportschuhe und trat an die Treppe.

»Muss das sein? Meinst du, du findest im Sport den Sinn des Lebens?«

»Vielleicht.« Er zögerte. »Nach meiner Abendrunde sehe ich die Stadt mit anderen Augen.«

Als Adam die Wohnungstür aufschloss, hörte er Lea aus dem Wohnzimmer rufen. Einer der beiden Aufzüge in ihrem Block war defekt, und er hatte eine Ewigkeit auf den anderen gewartet.

»Endlich!« Lea seufzte übertrieben laut. »Ich dachte schon, du wärst irgendwo stecken geblieben!«

Adam hörte, wie sie den Fernsehapparat ausschaltete. Der Flur war klein und das Rangieren im Rollstuhl schwierig. Sitzend versuchte Adam, sich aus der Jacke zu winden, die sich trotz seiner geschickten Finger an ihn zu klammern schien. Resigniert stand er auf, streifte sie ab, wog den Kopf nach links und rechts, bis ein leises Knacken zu hören war, und betrat das Wohnzimmer.

Lea saß auf dem Sofa und streckte ihm die Arme entgegen. Er hob sie hoch, trug sie in den Flur und setzte sie in den Elektrorollstuhl. Lea seufzte.

»Du kannst noch so viele Ausflüge machen, Adam, du wirst trotzdem niemals nachvollziehen können, wie es sich anfühlt, in meiner Haut zu stecken.«

Sie fuhr in die Küche, nahm einen Lappen aus der Spüle und rieb das Herz auf dem Knauf ab.

»Ich weiß«, antwortete er. »Aber jedes Mal, wenn ich versuche, wie du zu sein, sieht mich die Stadt mit anderen Augen.«

Lea drehte sich um und musterte ihn. Ihr Blick blieb bei seiner Jeans haften. Adam sah an sich herunter und entdeckte den Spuckfleck auf dem Oberschenkel. Er lächelte, während er sich vor Lea hockte und ihr eine Haarsträhne hinter das Ohr strich. »Und ich sehe aus dem Schatten heraus die Stadt in einem anderen Licht.«

SEITENBLICKE

Anja hatte ihn am Morgen auf den Mund geküsst und gesagt: »Ich bin so stolz auf dich, Hajo. So stolz!«. Es war das erste Mal seit fünf Jahren, dass er sie so aufgekratzt erlebte.

Auf der Fahrt ins Büro wusste er nicht, was ihn mehr euphorisierte, ihre weichen Lippen oder die Erwartung seiner Beförderung. Seit über dreißig Jahren arbeitete er im Einkauf der Firma. Und endlich bekam er die Einladung in die Chefetage. Es wurde auch Zeit, den alten Abteilungsleiter abzulösen.

Der perfekte Tag hätte es werden sollen. Als er nach einem Nicken der Sekretärin das Chefbüro betrat, dachte er über den Sex nach, den seine Frau und er heute Abend haben würden. Es war schon lange her, dass Sex nicht nur Ablenkung, Trost oder Gewohnheit war. Heute, so war er sich sicher, empfinge sie wirklich ihn mit offenen Armen.

Der Chef streckte die Arme aus, als er das Büro betrat und Hajo zuckte zusammen, als der ihn an den Oberarmen drückte. Sie waren ungefähr gleich alt, starteten beide zur selben Zeit im Unternehmen, nur dass sein Vorgesetzter der Sohn des Firmeninhabers war.

Die väterliche Geste war Hajo zuwider, aber er ertrug sie, setzte sich nach Aufforderung und dachte an Anjas weiche, warme Schenkel, die ihn auch nach über zwanzig Jahren lockten wie am ersten Tag. Naja, oder vielleicht wie am dritten oder vierten. Aber sie lockten.

Das Folgende rauschte an Hajo vorbei wie die Felder zwischen Stadt und Dorfgrenze. Ein diffuses Sich-Vermengen an Wörtern und Phrasen. Auf der Fahrt dann an Farben und Geräuschen, das Zischen des Fahrtwindes, die Gerüche der gedüngten Wiesen. Alles Scheiße, dachte Hajo. Alles, alles Scheiße.

Statt in seine Straße bog er in die andere Richtung zum Dorfkrug ab. Eine stetige Größe, seit er hier lebte, Verlass auf Wirt und all jenen, die nach der Arbeit keine Frau hatten, die auf sie mit Essen oder anderen warmen Annehmlichkeiten warteten. Anja wartete mit beidem, und trotzdem hatte er nicht die Kraft, ihr die Kündigung zu beichten.

Wie hatte er sich so irren können. Selbst Hochgeistiges verhalf nicht zur Erleuchtung, derweil sein Handy in seiner Hosentasche vibrierte und mit zunehmendem Rausch und Vibrationsalarm ihn an Anjas Schenkel erinnerte. Er ging nicht dran.

»Ich dachte, wir feiern zusammen!« Ihre Stimme mit dem rauen Klang der Enttäuschung. Sie zerrt ihn vom Hocker, derweil er aus den Augenwinkeln die Trinkkollegen verschwommen wahrnahm. Sie grölten etwas, was er nicht verstand und ahnte, es war wegen Anja. Sie war immer noch eine schöne Frau. Trotz Finn und Frede, die Anjas Bauch zu einem Heißluftballon verwandelt hatten und nach deren Geburt sie beide niemals glaubten, die Haut könne sich wieder erholen und zusammenziehen. Zusammen zog sich nur der Schmerz, der sich immer einstellte, wenn er an seine Söhne dachte. Frede war seit langem fort, aber Finn dachte nicht daran, zu gehen, und Anja ließ ihn nicht ziehen. Bisher war zum Glück er tagsüber fortgewesen, verdiente denn Lebensunterhalt für sie drei. Anja wusste, dass sie klammerte und Finn? Der fühlte sich wohl ohne seinen Zwilling.

Anjas Schenkel waren trotzdem zu Hause geöffnet und als er seine Hose ebenfalls öffnete, sich und sie betrachtete, liefen ihm die Tränen. Er hatte sie enttäuscht, er enttäuschte sie wieder und die Schluchzer verklebten die Silben in seinem Mund, um zu beichten, was ihm heute widerfahren war.

Anja, nahm ihn auf, aber in den Arm. Wiegte ihn in den Schlaf und als er am Morgen aufwachte, roch er noch ihren Duft auf den Kissen und den Schweiß in seinen Achseln.

Der Frühstückstisch war gedeckt wie zu einem Fest. Selbst ein paar Luftballons hingen an der ausladenden Esstischlampe und wippten im Luftzug der Bewegungen Anjas. Finn war nicht zu sehen, doch das machte es nicht leichter.

Anja umarmte ihn von hinten, als er sich setzte. »Ich bin so stolz auf dich!«, flüsterte sie ihm ins Ohr und knabberte kurz an eben diesem, weil er das an ihrem normalerweise machte, wenn er das Sehnen nach Nähe nicht mehr aushielt.

Er konnte es ihr nicht sagen. Weder vor, noch nach dem Marmeladenbrötchen, dessen Brocken er auf dem Weg durch die Speiseröhre bis in den Magen fühlte. Er schwieg. Konnte nicht beichten. Nicht an diesem Tag. Auch nicht am nächsten. Oder Übernächsten.

Als er der Straße zwischen den Feldern folgte, klumpte das Frühstück immer noch im Magen und ließ ihn würgen. Er hielt abrupt an, die Berufspendler hupten und Hajo übergab sich neben der Fahrbahnmarkierung.

»Loslassen bringt Heilung« hatte der Therapeut damals gesagt und zumindest für das Marmeladenbrötchen stimmte es.

Der Entschluss war spontan wie ein Platzregen, der Aufprall eines Spatzen auf der Wohnzimmerscheibe, ein Schicksalsschlag. Die Abfindung würde lange Zeit reichen, um sein Gehalt zu imitieren. Und was wäre in einem Jahr oder in zwei? Er konnte sich eine neue Arbeit suchen und bis dahin müsste weder Anja noch Finn erfahren, dass er entlassen wurde.

Die Täuschungsfahrt zur Arbeit wurde eine routinierte Handlung, wie das Zähneputzen am Morgen und das Müllwegbringen am Abend.

Der einzige Unterschied vor dem Oberarmdruck seines Chefs war nur, dass keine Felder auf der Fahrt mehr an ihm vorbeirauschten. Er hatte jetzt Zeit. Weder Raps noch Korn verwischten die Farbe vor seinem Autofenster, während er mit nur wenigen Stundenkilometern Richtung Stadt bummelte und dabei die Ähren betrachten konnte.

Am Anfang war es seine Rache an alle Rentner dieser Welt, die zur Zeit des Berufsverkehrs mit ihren hüftschonenden Limousinen diese Strecke entlangtuckelten und ihn jahrzehntelang fluchen ließen.

Eine Woche später nahm er die Pendler ins Visier. Warum arbeiteten die und nicht er? Sollten die alle zu spät kommen, sich die Abmahnungen in ihren Postfächern stapeln und er drosselte das Tempo abermals. Es gab eine Steigerung von Langsamkeit, die seinen Namen trug.

Gegen das Hupen gab es Musik und er gewöhnte sich an, Kopfhörer zu tragen, auch wenn das bei der Fahrt verboten war. Kopfhörer, die dank Bluetooth kaum sichtbar waren und den Zorn der Hetzenden abwechselnd in Schubert oder Grönemeyer betteten. Denn der Mensch bleibt Mensch.

Mit der Gewohnheit kam auch die Erkenntnis. Vor allem Schubert sorgte dafür, dass Hajo mehr Seitenblicke wagte als die dreißig Jahre zuvor. Er wusste um die Ährenstände der Felder. Entdeckte hier und da ein Storchenpaar auf Nahrungssuche und erfreute sich an den wilden Margeriten. Einmal pflügte er sogar einen Strauß für Anja, doch bis er abends den Rückweg antrat, krümmten sich die Blüten und Blätter auf dem Beifahrersitz.

Er döste beim Fahren, schaute weiter hinaus. Die Felder wechseln sich mit kleinen Baumgruppen ab, die ein Großstädter wohl Wald nennen würde. Vor der kleinen Ortschaft, die letzte Vorbotin der Stadt, war eine langgezogene Kurve, die schon manchem Motorradfahrer vom Gefährt hob. Die lokale Berichterstattung war dann immer voll von den Verunglückten, die meist nur mit gebrochenen Armen und Beinen davonkamen. Es war nicht gerecht, nicht diese Straße, nicht diese Kurve, aber immer, wenn er einen dieser Artikel las, musste er an eine andere Straße denken, an einen Teenager, der ein Motorrad übersah und ... Mit den welken Blumen wischte er die Erinnerung weg. Es gab noch mehr davon. Traurige und Schöne. Das Unaussprechliche und auch die Neutralen, die jetzt nicht mehr neutral waren, weil er keine Arbeit mehr hatte.

Entgegen den Befürchtungen seiner Mutter war er zufrieden mit seiner Arbeit gewesen. Ebenso mit Anja, auch da hatte Mutter Zweifel gehabt, auch wenn er Anja damals verschwiegen hatte, ohne Erfahrungen gewesen zu sein. Anja und er hatten bald silberne Hochzeit und als Finn meinte, ob er Freunde einladen darf, hatte Anja genickt und er mit dem Kopf geschüttelt. So war es immer gewesen und ihm gefiel zwanzig Jahre lang die Diversität ihrer Gedanken, und Anja liebte sein Abwinken mit der Hand, sein Lächeln auf den Lippen, wenn er ihr nachgab. Nur über das eine waren sie sich immer einig: Über das, was vor fünf Jahren passiert war, sprachen sie nie.

Sie tauchte aus dem Nichts aus, die Frau in der Kurve. Ihr Fahrrad lag am Boden und kämmte den Weizen zur Seite.

Bedächtig fuhr er an ihr vorbei, bemühte sich zu erkennen, was sie dort, nach vorne gebeugt hantierte. Bei der nächsten Hofeinfahrt hielt er an, kehrte um, fuhr erneut in Schritttempo durch die Kurve. Sie war nicht mehr da. Nur noch das gepresste Korn wies auf ihre Existenz und die einzelnen Halme, die sich wie von Geisterhand wieder aufrichteten. Hajo bemerkte es kaum, starrte auf das, was der Körper der Frau zuvor seinem Blick verborgen hatte. Das hölzerne Kreuz. Ein Blumenkranz aus Margeriten ruhte auf dem Querbalken und er hob ihn an, um zu lesen: »Geliebter Tommy. 2006-2024«.

Anja fragte ihm am Abend mehrmals, was geschehen sei. Er roch das Gulasch und den Rotkohl, sah ihr Gesicht, wabernd unter der Wasseroberfläche, unter der er sich just befand. Das Rauschen diente der Ruhe, friedvoller als Schubert oder Grönemeyer. Erst das Rütteln an seiner Schulter, ließ ihn auftauchen. Er schnappte nach Luft. Denn das, was er am Grund gesehen hatte, war atemraubend. Er hatte es vor fünf Jahren versenkt.

Das Auto parkte am Knick hinter den alten Weiden. Statt weiter die Zeit in der Stadt totzuschlagen, wartete er hier auf die unbekannte Frau, die ihrem Tommy einen Kranz geflochten hatte. Seine Finger hantierten scheinbar ohne sein Zutun ebenfalls mit allem, was sich ergab, den Halmen am Wegesrand, den biegsamen Weidenzweigen, die wie ein Flitzebogen seinen Händen entwichen. Es verging kaum eine Woche, da sah er sie bereits von weitem radeln. Montags sehen, wer am Sonntag zu Besuch kommt, ist ein norddeutscher Spruch für das platte Land und er fragte sich, warum bei dieser Weite, der Tommy übersehen wurde. War es eine Wiederholung der Geschichte, dass immer irgendwer irgendwen übersah? Einen jungen Menschen? Einen langjährigen Mitarbeiter?

War der Tommy mit seinen jungen achtzehn Jahren auch ein Motorradfahrer gewesen? Oder wurde er von einem übersehen wie in einer unsagbaren Nacht?

Hajo folgte der Frau mit großem Abstand, sah sie wieder Wiesenmargeriten flechten und nach langem Innehalten vor dem Kreuz, anschließend Richtung Dorf radeln.

Das Dorf bestand nur aus drei Straßen, an deren Hauptstraße, der er einst zur Arbeit folgte, sich eine kleine Bäckerei mit Café befand. Vier Tische zählte er, alle besetzt, und so verwunderte es nicht, als beim Eintreten alle Blicke sich auf ihn hefteten. Er wählte einen Kaffee und ein Croissant und trat zu ihrem Tisch. Auch die anderen hatten je einen Stuhl frei und vermutlich fragten sich sie Außenstehenden, warum er ausgerechnet Platz bei der Frau nahm. Alles an ihr schrie ihn an zu gehen. Nur nicht die zusammengebissenen Lippen, ein blutleerer Strich. Sie schloss kurz die Augen. Ein Ja in seiner Welt, in ihrer wohl nicht, denn als sie sie wieder öffnete, war sie überrascht, dass er vor ihr saß.

Sie trank nicht von ihrem Tee und er schob das Croissant auf seinem Teller hin und her. Sie starrte ihn an und er wunderte sich, dass er zurückstarrte, die Netze an ihren Augen musterte und die steile Falte zwischen den Brauen. Wäre er nicht abgetaucht, er wäre ähnlich vernarbt an Sorgenfalten. Oder an Trauer. Tommyfalten.

»Wie war Tommy so?«, fragte er unvermittelt und die Frau zuckte zusammen. Das Ticken der Wanduhr hallte in Hajos Kopf, bis sein Gegenüber endlich antwortete.

»Der wunderbarste Kerl, den Sie sich vorstellen können.« Sie lächelte und er entdeckte das, was gemeinhin als Attraktivität verstanden wird: ein Leuchten in den Augen, einen sinnlichen Zug um den Mund. »Kannten Sie Tommy?«, fragte sie, sichtlich aufgeregt und er wollte sie nicht enttäuschen. Sie wollte über Tommy sprechen, das war unübersehbar und er wollte sie weiter Lächeln sehen.

»Nur vom Sehen, aber ich habe ihn gemocht.«

Eine Strähne löste sich aus ihrem Zopf, als sie heftig nickte. »Alle haben ihn gemocht. Er war schon als Baby ein

Herzensbrecher.« Sie lehnte sich zurück und strich die Locke aus dem Gesicht.

Etwas kribbelte in ihm. Im Magen, im Bauch, in den Händen, den Lenden und er schämte und begeisterte sich gleichermaßen.

»Wie war er denn so?«, hakte er nach, mit dem Wunsch, sie nicht an ihre Gedanken zu verlieren. Sie nahm einen Schluck Tee, rührte erst anschließend in der Tasse und sah ihn an.

»Er war eine wilde Hummel. Liebte es, durch die Gegend zu streifen. Auch nach dem er älter wurde, änderte es sich nicht. Es war schwer, ihn unter Kontrolle zu halten.«

Hajo lachte auf und sie runzelte die Stirn. Er beugte sich vor, wippte beschwichtigend mit der Hand. »Mein Sohn war auch so. Frede. Ein Wirbelwind vor dem Herrn. Mein anderer Sohn ist das Gegenteil. Aber wahrscheinlich sind wir das in Schuld.«

Ihre blauen Augen waren seinem Blick nicht ausgewichen. Er hatte das Gefühl, sie sah weiter in ihn hinein als bis zur zerfurchten Stirn. Sie waren vermutlich gleichalt. Nur dass ihre Tommyfalten frisch waren.

»Wie heißt Ihr anderer Sohn?«

»Finn. Er wird jetzt zwanzig.«

»Und Frede?«

Hajo ließ das Croissant los und betrachtete die Flocken, die er ihm entrissen hatte.

»Meine Söhne sind Zwillinge.«

»Oh, wie schön«, sagte sie nur und betrachtete seine Fredefalten. »Oder nicht?«

Das Ticken der Wanduhr dröhnt an seine Schläfen, derweil er auf seine Hände starrte. Ihre Berührung war überraschend, weich, warm. Ein Prickeln, ein Verstehen. Ihre Hand auf seiner.

»Sie haben ihn auch verloren, nicht wahr?«

Er nickte und während er sich selbst überraschte und seine freie Hand auf ihre legte, als spielten sie ein Spiel, ein Türmen der Hände, der Turmbau zu Babel, erzählte er ihr alles. Von Frede. Dem Motorrad aus dem Nichts. Der Fahrerflucht. Dem Schweigen. Anjas Tränen und Klammern. Dem Therapeuten mit den hohlen Phrasen. Loslassen bring Heilung. Dem Finn, der nicht erwachsen wurde. Der Kündigung. Dem väterlichen Oberarmtäscheln des gleichaltrigen Chefs.

Sie hörte ihm zu, ließ seine Hand nicht los. Nickte, lächelte, erinnerte an Tommys Eigensinn als er von Fredes sprach. Loslassen, wie ginge das? Sie waren sich einig. Da war zu viel Liebe im Spiel.

Als die Wanduhr den Feierabend verkündete, kehrte die Bäckersfrau sie beide aus dem Laden.

Verlegen standen Sie einander gegenüber und er widerstand dem Bedürfnis, ihr die Locken hinter die Ohren zu streichen.

»Danke«, sagte sie und hielt seine Hände. Er fragte sich, was jetzt käme. Ein Kuss vielleicht, ganz unverbindlich. Das Kribbeln in Händen und Lenden war noch da. Wegen der Verwegenheit der Wahrheit. Des Aussprechens, kein Schweigen mehr. Anja und er hatten es versucht, der

Therapeut war teuer, half aber nicht gegen die Sprachlosigkeit.

»Sehen wir uns wieder?«, fragte er sie und sie ließ seine Hände los. Sie schüttelte den Kopf und ihre Locken tanzten, widersprachen ihrer Beharrlichkeit, ihn nicht mehr anzusehen. Dann sah sie auf und küsste ihn auf die Lippen, jetzt prall und warm, durchblutet durch seine, die versuchten, den Augenblick einzufangen. Hajo schämte sich und frohlockte, genierte sich und schrie in sich drinnen. Schubert und Grönemeyer, der Mensch bleibt Mensch. Wieso vereinten die Fremde und ihn der Tod ihrer Kinder, während er Anja und ihn auseinandertrieben?

»Sie können hier aber nicht parken bleiben!« Die Bäckersfrau schloss geräuschvoll den Laden ab und baute sich vor ihm auf. Hajo brauchte einen Moment, um sich zu orientieren. Wie lange er so stand und an Anja dachte, war ihm nicht bewusst. Er vermisste sie.

»Kennen Sie die Frau, mit der ich im Café war?« Er hatte nicht fragen wollen, Anjas Gesicht vor Augen, aber die Sehnsucht war zu groß. Nicht nach der Frau. Nach Frede. Er wollte über seinen toten Sohn sprechen.

Die Bäckersfrau schnaubte und schüttelte den Kopf. Wegen ihm, wie er erst begriff, als sie antwortete. »Na klar, wir kennen uns alle im Dorf.«

Hajos Herz polterte gegen die Rippen. »Das muss schlimm für die arme Frau gewesen sein, ihren Tommy so früh zu verlieren.«

»Früh?«, die Bäckerin lachte auf. »Ich wäre froh, mein Benno wäre so alt geworden! Die Straße hier ist die Hölle!

Alle brettern hier lang zur Arbeit in die Stadt! Tommy war ja bei weitem nicht der Erste! Achtzehn Jahre ist doch stattlich für einen Kater!«, sprach sie und ließ ihn stehen.

Die Wiesenmargeriten bestäubten seinen Anzug gelb, als er Anja in die Arme nahm, die Blumen knickten, trotzdem drückte er sie fest an sich. Sie lachte, schimpfte, protestierte. Alles zugleich und doch nur mit dem einen halben Herzen, das übrigblieb, nachdem Frede verunglückt war.

Heute konnte er noch nicht mit ihr sprechen. Aber vielleicht morgen. Oder übermorgen.

BOLIVIANISCHE BAUERN

Früher trug er die Haare hennarot. Sie hingen strähnig von seinem Kopf, die Spitzen wippten auf meinem Rücken oder in meinem Gesicht. Heute trägt er sie millimeterkurz geschoren, ein silberner Schimmer um seinen Kopf. Keine Spur mehr vom Rebellen. Es steht ihm, diese Seriosität.

Er hat mich nicht erkannt. Das kränkt mich. Ich bin immer noch schlank, immer noch brünett, die Haare nur jetzt zum Zopf, immer noch mit der Lücke zwischen den Schneidezähnen, von denen er früher gesagt hatte, mit denen könne man bestimmt gut pfeifen.

»Mit den Zähnen kann man bestimmt gut pfeifen«, sagt er jetzt, als er zu mir tritt. Ich stehe abseits, wen wundert's, der einzig dezente Platz am Fenster für die Raucher, die nicht nach draußen wollen. Raucher:innen sozusagen. Kleiner Scherz. Ich mache beides nicht gern. Rauchen und draußen sein. Gendern schon. Das macht Sinn.

Seine Augen wandern an mir herab und wieder hinauf. Das tun Männeraugen immer noch, wenn jetzt auch nicht mehr so oft. Manchmal stelle ich mir vor, sie würden Farbspuren hinterlassen, und ich würde wissen, was an mir unsichtbar bliebe, wie bei den Rauchern, die nicht innen blieben und unsichtbar auf die Dachterrasse verschwinden.

»Ich kann nicht pfeifen«, antworte ich, heute wie damals, und das stimmt nicht.

»Dass das trotz Corona wieder möglich ist«, bemerkt er und weist mit der Hand auf die Gäste im Raum, alle getestet oder geimpft, der fünfzigste Geburtstag eines Bekannten und ich dachte im ersten Moment, er meint mit dieser Geste mich.

Graublau die Farbe seiner Augen. Das kann ich beantworten, auch wenn meine geschlossen wären. Zwischen hennaroten Strähnen hatten sie mich angestrahlt, ohne mich zu sehen. Das hatte ich mir einmal gewünscht.

»Darf ich?«

Er zieht eine Zigarette aus der Schachtel in meiner Hand. Damals hätte er das nie gefragt.

Bevor er sie an meiner anzündet, schaut er sich um, wendet dem Raum den Rücken zu, ganz bei mir, der Mann, das Lächeln; ich erinnere den Nikotingeschmack an seinen Fingern in meinem Mund. Meine Zunge an ihnen.

Vor ein paar Tagen habe ich ihn auf einem Plakat gesehen und nicht begriffen, dass er es war. Das Foto schwarzweiß, ein Scherenschnitt wie eine meiner Erinnerungen, auf dem Poster aber grünrot gerahmt. Sozial, positiv. Alternativlos.

Er sagt jetzt gerade etwas über die Ausbeutung bolivianischer Tabakbauern, dem hohen Wasserverbrauch, während er sich aus dem Fenster beugt und der Qualm seiner Zigarette sich zwischen den Häuserfassaden verflüchtigt. Erstaunlich, dass sich die Fenster hier oben überhaupt öffnen lassen. Nicht, dass jemand herausfällt.

Versehentlich. Oder springt.

Ich muss daran denken, wie ich mich nachts, nachdem das Licht gelöscht wurde, aus dem Fenster gebeugt hatte, um zu rauchen. Die Heimleitung fuhr da eine klare Linie, einmal erwischt, hätte ich gehen müssen. Aber wohin? Und wie?

Er hatte mir ins Gewissen geredet, als er die Kippen in meinem Nachtschrank fand.

»Ich weiß, Maus«, hatte er gesagt, es ist schwer, »aber das ist nicht der Weg zum Erwachsensein.«

Er hatte selbst geraucht, der Zigarettenrauch erinnert mich an ihn. Ein Herzsprung damals, als ich merkte, er betrachtete mich zwischen hennaroten Strähnen.

Die Zigarette aus dem Fenster geschnipst, folge ich der Kippe in Gedanken. Unentdeckt, niemand hatte den adretten Mann beim Qualmen mit der immer noch netten Brünetten erwischt.

»Kennen wir uns?«, fragt er mich jetzt. Ich krächze, verschlucke mich. Und ich verstehe selbst nicht, warum es mich befriedigt, dass er mich doch nicht gänzlich vergessen hat.

»Sorry, seit ich hier den Sozial-Alternativen im Ort vorstehe, begegne ich so vielen Menschen und ...«, er kreist seinen Zeigefinger neben seiner Schläfe, »... bring' ich manches durch'n Tüddel.«

Sein Aftershave verstopft meine Lungen, als er sich vorbeugt. Diese Nähe bin ich nicht mehr gewohnt. Auch vor Corona nicht. Früher lehnte er künstliche Duftstoffe ab. FCKW, Tierversuche, ich fand das bewundernswert, während ich die Seife aus dem Gemeinschaftsbad unter den Wasserstrahl hielt, bis ein schleimiger Mantel entstand.

Sein Zeigefinger, jetzt an seinen Lippen, früher an meinen. Das »Pst« höre ich jetzt wie damals nicht, damit die anderen nichts mitbekommen. Ein Geheimnis zwischen uns.

Ich weiß noch, wie salzig seine Haut schmeckte, als ich ihm jetzt zuschaue, wie er in die Zitronenscheibe beißt und sein Glas Tequila leert. Fünfunddreißig Jahre später. Etwas, was ein Mädchen nie vergisst, wenn sie noch nie so berührt worden war.

Ich denke an das erste Mal, wie sein Körper schwer auf mir liegen blieb, ein Schweißfilm zwischen uns und noch viel mehr.

»Bist du verletzt?« Er zeigt auf die Schiene an meinem Bein, hochmodern, nichts für bolivianische Tabakbauern, die wir gerade zusammen ausgebeutet haben. Ich starre auf die Lichter der Großstadt, die hier aus dem zehnten Stock wie Lichtpunkte auf inneren Lidern aussehen, wenn ich die Augen schließe.

Sein *Du* überrascht mich, frage mich, ob er sich erinnert oder ob die Sozial-Alternativen alle duzen, die mit ihnen zusammen den Planeten retten wollen. Ich will ihn auch retten. Trotz meines Egoismus' den bolivianischen Bauern gegenüber. Bauer:innen. Arbeiten die nicht immer draußen? Kleiner Scherz. Das alles ist wegen der Erinnerung. Das Rauchen erinnert mich an ihn. Manches darf nicht vergessen werden.

Seine Hand an meinem Arm lässt mich zusammenzucken. »Warst du auch bei der Veranstaltung zum Asylbewerberheim in der Hegel-Gasse vor zwei Jahren?« Er dreht sich wieder mit ausladender Geste in den Raum und dann zurück zu mir ans Fenster. »Ich habe mich immer noch nicht daran gewöhnt, dass wir keine Masken mehr tragen.«

»Tragen wir nicht alle immer Masken?«, sage ich und beiße mir auf die Unterlippe. Im Spiegelbild der offenen Fensterscheibe betrachte ich sein Lächeln, sehe das Blitzen seiner Zähne zwischen den blassen Lichtern der Stadt, die es schaffen, der Spiegelung zu trotzen.

»Tragen wir nicht alle Masken«, wiederholt er ohne Betonung am Ende, und ich ärgere mich über meine Plattitüde. Gleich fasele ich bestimmt etwas über Schutzbedürftigkeit der Einzelnen in der egoistischen Welt des Konsums.

»In der Welt des Konsums ...«, fängt er an.

»Björn!«, unterbricht ihn eine melodiöse Stimme. Eine Frau tritt zu uns ans Fenster und hakt sich bei ihm ein, während sie mich von oben bis unten mustert. Ihr Blick bleibt bei meiner Beinschiene hängen, als dienen die Haken und Ösen nicht dazu, mir Stabilität zu verleihen, sondern, wenn ich ihren Gesichtsausdruck deuten darf, Mitleid zu erheischen.

Er legt ihr den Finger auf die Lippen und weist auf meine Zigaretten. »Nicht verraten!«, flüstert er, dass ich es höre, und zwinkert mir zu.

»Nicht verraten«, hatte er auch damals gesagt, als er mein Nachthemd wieder runterzog und mir half, unbemerkt ins Schlafzimmer zu den anderen zu gelangen.

Morgens beim Frühstück kniff er mir ein Auge zu. Tat er es nicht, wusste ich, er hatte heute Abend keinen Dienst mehr.

»Mein Mann ...«, sagt die junge Frau und reibt sich die schlanke Wade an dem anderen Bein. Wie ein Flamingo sieht sie aus und ich frage mich, ob das Absicht ist, »... ist sehr engagiert. Wenn er etwas erreichen will, bleibt er hartnäckig«. Ungeniert starrt sie wieder auf meine Schiene.

»Ich weiß«, antworte ich ihrem Scheitel, derweil er mir ein Lächeln schenkt und mit dem Zeigefinger auf mich weist.

»Irgendwoher kenne ich dich!«

Seine Frau klappst ihn auf den Arm. Sie erschaudert theatralisch mit einem Blick zum offenen Fenster. »Kommst du?«

»Gleich.«

Sie verdreht die Augen und stöckelt zu einem Mann, der die Arme ausbreitet, um sie zu begrüßen. »Das das wieder möglich ist«, höre ich ihn neben mir wieder sagen und denke erneut daran, dass er mich meinen müsste. Ich stehe hier.

Damals musste er mich tragen. »Deshalb bin ich Pfleger geworden, um junge Damen auf Händen zu tragen«, hat er in mein Ohr geflüstert und seine Hand streichelte derweil die Unterseite meines Schenkels. Papa war die Kippe in den Schritt gefallen. Ein Schrei, ein Schmerz, das Hupen des Lastwagens. Er hatte noch den Lenker herumgerissen, las ich später in den Protokollen. Ich weiß es nicht. Vielleicht wollte er einfach nicht mehr. Ich kenne auch das Gefühl.

»In Sinzig sind zwölf Menschen in einem Heim für Behinderte ertrunken.«

In seiner Mimik erkenne ich keine Regung, als ich das sage. Ist das das Sozial-Alternative-Gesicht? Er stößt den Rauch durch die Nase aus und lässt die Zigarette in sein Glas fallen. Ich warte, starre sein Spiegelbild im geöffneten Fenster an, bis ich seine Hand auf meinem Unterarm spüre.

»Wenn ich es ins Rathaus schaffe, werden solche Dinge nicht als Unfälle abgetan.«

Ich glaube, er sagt das wegen meiner Beinschiene. Vielleicht sollten sich mehr Menschen eine anlegen, wenn sie auf Partys gehen.

»Weißt du, ich bin Idealist«, sagt er jetzt und lächelt mich an. »Habe selbst einige Jahre in einem Kinderheim gearbeitet.«

Was ist, wenn er zufällig fällt? Eine Berührung, zufällig, gestolpert. Verdammte Beinschiene! Die hat Schuld! In Hamburg ist ein Politiker verunglückt, würde in der Zeitung stehen. Größere Überschrift, mehr Druckerschwärze als in Sinzig.

Meine Hände zittern, als ich mir eine weitere Zigarette anzünde. Ich verstecke mich hinter dem Rauch, Rauschen in meinen Ohren.

»Die Kinder haben mich geliebt«, sagt er jetzt. Silberner Schein um sein Haupt.

Ja. Das habe ich. Bis zu diesem Tag. Damals.

»Björn?«

Ein Mann kommt mit ausgestreckter Hand auf uns zu. Als er uns erreicht, begrüßen sich die Männer mit einer geballten Faust.

»Ghettofaust.«

»Ghettofaust.«

Warum muss er alles wiederholen?

»Ich habe mich noch immer nicht daran gewöhnt, dass wir keine Masken mehr tragen!«, sagt er zu dem Mann, dann in mein unbewegtes Gesicht. »Ich muss dann« und berührt flüchtig meinen Po, nachdem seine Hand über meinen Rücken gestrichen ist.

Ich sage nichts. Immer noch nicht.

Bêêê!

SCHABERNACK DES SCHICKSALS

»Heute ist Nostradamus in seinem Glas dreimal rechts und einmal links herum geschwommen. Das bedeutet Liebe«, erklärt Edda lächelnd und klemmt sich eine hennarote Locke hinter das Ohr, als sie sich aus dem ersten Stock zu ihrem neuen Nachbarn hinunterbeugt. Der starrt mit offenem Mund zu ihr nach oben, derweil die Passanten unbeachtet an ihm vorbeieilen.

»Zurückhaltung aufgeben und auf Signale achten«, flötet Eddas Stimme, die trotz ihrer siebenundsiebzig Jahre jugendlich klingt. Sie beobachtet, wie Herr Hansen ungeduldig auf den Hacken wippt. Er ist erst Ende sechzig, Eddas Ansicht nach im richtigen Kavalieralter, und als er eines Tages an ihre Tür geklopft hatte und hinter vorgehaltener Hand flüsterte, die anderen Nachbarn hätten erzählt, sie könne wahrsagen, da hatte sie kurz gestutzt, gelacht und ihn anschließend hereingebeten. Zu ihrem Bedauern lehnte er ab. Vielleicht lag das an ihrem Batikkleid, das um Eddas nackte Füße schwang oder dem Aroma der Melisse, welche sie in einer selbst getöpferten Schale verbrannt und mit einer Feder in der Wohnung verteilt hatte. Angeblich roch das verkohlte Kraut nach kaltem Schweiß, behaupteten die Nachbarn.

Herr Hansen hat keinen Vornamen, wenn man seinem Briefkastenschild glauben darf, und auch sonst gibt er nicht mehr von sich preis, außer dass er sich für die Zukunft interessiert. Edda wies ihn an, ihr drei Zutaten zu geben: ein Haar, eine Wimper und eine Träne, gesammelt in einem

Taschentuch. »Für die Vergangenheit, den Wimpernschlag eines Augenblicks und die Bandbreite der Emotionen. Nostradamus weiß dann, was passieren wird«, flüsterte sie vorgebeugt und hoffte, er würde ihrem Dekolletee etwas Aufmerksamkeit schenken.

Seit diesem Tag klingelt Herr Hansen nicht mehr an ihrer Tür, sondern wartet jeden Morgen unter Eddas Fenster auf die Vorhersagen von Nostradamus, der in einem bauchigen Glas auf Eddas Fensterbank seine Runden dreht. Vielleicht war die Melisse nicht unschuldig daran. Nach seiner anfänglichen Skepsis gegenüber einem visionären Goldfisch erklärte Edda, dass ein Oktopus namens Paul die deutsche Beteiligung der Fußballweltmeisterschaft vorhergesagt hatte. Das überzeugte ihren Nachbarn schließlich, zumindest nach seiner sich glättenden Stirn zu urteilen.

»Sie werden jemandem Ihr Herz schenken, mein Lieber.« Die rote Locke rutscht wieder hervor. Edda lässt sie vor ihren Augen tanzen, als sie über das Fischglas gelehnt seinen Scheitel betrachtet. Volles Haar in diesem Alter, das ist bei Männern nicht oft anzutreffen.

Herr Hansen hebt zögernd den Kopf zu ihr. »Sind Sie sicher?«

»Aber ja!« Wohltönig ihre Stimme. »Glück allein ist die Seele, die liebt.«

»Von Ihnen?«

»Fast.« Edda lächelt. »Goethe.«

In der Vergangenheit liebte das Schicksal, Schabernack zu treiben. Dann fiel zum Beispiel ein Feiertag auf einen Sonntag oder eine Rabattaktion in eine Zeit, in der Herr Hansen nichts brauchte. Ab und an war das Schicksal aber auch brutal und pappte Ereignisse zusammen, wie sie niemals zusammengehören dürfen, wie zum Beispiel die neu gewonnene Freizeit mit seiner Frau. Was hatten Paula und er geplant, gelacht und geträumt. Dann kam der letzte Arbeitstag, der letzte Blick zurück. Ein Abschiedsnicken zum Pförtner. Nein, ihr werdet mich nie wiedersehen. Die neue Armbanduhr schlackert am Handgelenk – eine letzte Anerkennung für seine lange Betriebszugehörigkeit. Er lachte kurz auf. Er war nur einer zugehörig: Paula.

An diesem Tag vereinte das Schicksal seinen Renteneintritt mit Paulas Todestag. Einfach so. Ohne Sinn. Im guten Kleid saß sie am feierlich gedeckten Küchentisch. Etwas Besonderes für den besonderen Tag. Er trällerte, als er die Tür aufschloss. Er erinnert sich jedes Mal daran, wenn sein Schlüsselbund an das Holz der Tür schlägt. Die Antwort, die ausblieb, als er ihren Namen rief. Eine Überraschung, dachte er, sie steht sicherlich lächelnd am Fenster, zwei Gläser Sekt in den Händen. Hier, zum Anstoßen, Liebling! Endlich haben wir Zeit für uns. Eine Überraschung war das, in der Tat, brutal, wie das Schicksal eben sein kann. Ihr Kinn lehnte auf der Brust und sie kippte zur Seite, als er sie berührte; ihre Brille hing nur noch an einem Ohr.

Es ist nicht diese Küche, in der er jetzt den ganzen Tag sitzt und aus dem Fenster starrt. Welche Überraschung gäbe es noch, die ihn erschüttern kann, welche erfreuen? Es gibt nichts mehr zu verpassen, nichts zu erwarten. Zumindest hatte er das gedacht. Ein Vogel hatte sich neulich an sein offenes Fenster gesetzt. Eine Amsel, das wachsame Auge, gelbumrandet wie Paulas Brille, auf ihn gerichtet.

»Paula, bist du's?«, hatte er gefragt und der Vogel öffnete kurz den Schnabel und flog davon.

Seitdem war alles anders. Jeden Tag wartete er vergeblich auf Paula, knetete seine Hände, raufte sich die Haare und glaubte irgendwann dem Gemunkel der Nachbarn, die rote Hexe von gegenüber kenne die Zukunft. Was gab es schon zu verlieren? Alles Gewünschte hatte er ihr gebracht, fühlte sich überwältigt von dem Gestank ihrer Wohnung und dem faltigen Dekolletee, das sich in sein Blickfeld drängte. Das war zu viel. Nur die Sicherheit einer ganzen Etage, draußen, an der frischen Luft der Straße, half ihm, sich der Frau und ihren Vorhersagen gewachsen zu fühlen. Eine Liebe wartete auf ihn, hatte sie geraunt, und er wusste, es konnte nur die eine sein, die wahre, die ewige, die er in jeder Gestalt erkennen würde. Seitdem traut er sich wieder hinaus, das Zwitschern des Vogels in den Ohren. »Komm, Liebster«, hört er die Amsel, die auf der Parkuhr hockt und etwas zerrupfter aussieht als die vorherige. Und er folgt auch der nächsten in den Park, sagt: »Paula, du glaubst es nicht, was ich heute gesehen habe«, und erzählt zu den Büschen und Bäumen, in denen er sie wähnt, welche Farbe der Mond hatte und wie er ihre Wärme nachts an seiner Seite spürt, auch ohne sie zu sehen. An manchen Tagen klebte etwas Stinkendes an seiner Türklinke, und während er zuerst erschrak und die fremde Substanz entsetzt abwischte, begriff er das Schabernack-Treiben des Schicksals, die Amsel sei gewiss hiergewesen, habe auf ihn gewartet und ihm einen Gruß dagelassen.

Als er an diesen Abend heimkehrt, die Wangen gerötet von Frühlingsluft und Vogelgesang, winkt ihm die Rothaarige bereits von Weitem zu. Sein Magen krampft sich zusammen. Auch wenn sie recht gehabt hat, erschrecken ihn ihre schwarzumränderten Augen mit dem durchdringenden Blick.

»Herr Hansen, die Liebe!«, ruft sie ihm zu, »Sie müssen empfänglich sein!« Und beim vorletzten Wort erweitert sie mit beringten Fingern am Stoff die Sicht auf ihr Dekolletee.

»Oh, ich hab' sie schon gefunden!«, trällert er zurück, erstaunt über den Mut und die Fröhlichkeit in seiner Stimme. Er hält inne, sieht sich lächelnd um, als stünde jemand anderer neben ihm und habe gerade das getan, was er getan hat: sich glücklich gefühlt. Die Augen der Hexe verengen sich. Er bemerkt, wie sich die Finger am Halsausschnitt verkrampfen, die Knöchel weiß. Nachdem sie die Augen kurz geschlossen hat, die Lider ebenfalls dunkel wie eine Nacht ohne Paula, hebt und senkt sich derweil ihre Brust. Sie umfasst das Glas von Nostradamus. Ihr Summen verursacht ihm eine Gänsehaut. Was soll er tun? Seine Arme baumeln an ihm herab, als seien sie Ballast, die Beine schwer, wie in den Boden verwachsen. Macht das die Hexe? Eine junge Frau, den Blick am Handy haftend, rempelt ihn an und löst Herrn Hansen aus seiner Erstarrung.

»Ich ...«

»Hoah ...«, dröhnt es von oben. Ein Kehllaut. Ihm stockt der Atem. Das Schicksal! War die Amsel auch nur ein Schabernack? Ein Possenspiel seiner Seele? Die Hexe öffnet die Augen. Ihr Blick ist hart, sie blinzelt nicht, das Kinn erhoben. Vibriert das Wasser im Goldfischglas, als sie spricht?

»Wehe dem, der wissen will und dennoch leugnet«, dröhnt es in seinen Ohren, als er sich wieder bewegen kann. Doch die Alte weist ihn an, zu verharren.

Zornig schließt Edda das Fenster und stellt Nostradamus wieder auf den Marmorsims. Was für ein Monster, dieser Mann! Resistent gegen alles, was sie die letzten Tage versucht hat! Vor ihrem Flurspiegel begutachtet sie sich, während sie ihre Brüste anhebt. All das hat auf ihn gewartet. Betrachtend lehnt sie sich vor und lutscht den Lippenstift von den Schneidezähnen. Als sie sich wieder aufrichtet, wirft sie mit einer Kopfbewegung das Hennahaar zurück. Wie keine siebzig, denkt sie. Geballte Weiblichkeit. Das hätte er doch sehen müssen, wenn ihre olfaktorischen Manöver schon erfolglos bleiben.

Systematisch war sie die vergangene Woche vorgegangen: Hatte erst alle aphrodisierend wirkenden Pflanzen im Lexikon nachgeschlagen, Bohnenkraut, Geilwurz, Liebstöckel und pro Tag ein Pflänzchen sowohl ätherisch als auch in alter Töpferschalen-Manier verbrennend vor Hansens Wohnungstür mit der Feder unter seiner Türschwelle ins Innere gewedelt. Vorsichtshalber pinselte sie das Grünzeug noch in Pastenform auf die Klinkenunterseite. Erst dachte sie, der Zauber wirke, selbst von ihrer Magie überrascht, die doch nichts weiter war als Hokuspokus einer einsamen Frau, die verzweifelt versucht, etwas Zuwendung zu bekommen. Doch das gestand sie sich nur ein, wenn sie mit

Nostradamus abends mit einer Flasche Wein vor dem Fenster saß und sich selbst in der Reflexion der Scheibe sah.

»Und dann hat der Hansen doch plötzlich gestrahlt«, jammert sie ihrem Goldfisch zu. Mit dem Glas in der Hand weist sie auf ihr Spiegelbild. »Und als ich merkte, dass es nicht mir galt ... ja dann ...« Sie sprach nicht weiter, hatte eh das Gefühl, Nostradamus höre nicht zu. Sie hatte Herrn Hansen gesagt, er werde morgen sterben. Jawohl. Da hörte das Lächeln, das nicht für sie bestimmt war, endlich auf. »Gut fühlte sich das an«, sagt Edda laut, schlägt sich danach mit der Hand vor den Mund, der Wein braust im Kopf. »Du«, stottert Edda jetzt, »du hast das vorhergesagt!« Sie weist auf den Goldfisch, der unbeeindruckt ein paar Luftblasen blubbern lässt. Schwerfällig erhebt sie sich und schaut durch den Spion in den finsteren Hausflur. Soll sie ihm sagen, dass sie sich das nur ausgedacht hat, ein gebrochenes Herz, die Wunde stetig blutend? Das Licht im Treppenhaus erstrahlt plötzlich und Edda taumelt erschrocken zurück ins Wohnzimmer. Sie beginnt einen Brief an ihren Nachbarn, den sie in Gedanken bereits hundertmal schrieb, gesteht ihre amourösen Ambitionen. Und es gibt jetzt mehr zu beichten. Zum Beispiel, dass kein Stern namens Vindicta existiert, der könne also nicht eine zerstörerische Gefahr für Herrn Hansen bedeuten. Das einzig Zerstörerische sei ihre Eifersucht auf die Frau, die ihn neuerdings zum Strahlen bringe. Nur deshalb habe Nostradamus seinen baldigen Tod vorausgesagt. Nicht weil er es könne, sondern weil sie, Edda, ihm die Worte ins glitschige Fischmaul gelegt habe. »Morgen«, hatte sie gesagt. Es werde grässlich ausgehen.

Schmerzhaft, überraschend, wenn auch nicht ohne Komik. Das war wohl das Gemeinste, was sie hat sagen können. Aber es fühlte sich für den Moment gut an. Die eine oder andere Träne weicht die Tinte auf ihrem Brief auf und verwandelt Buchstaben in getuschte Blütenblätter. Sie schreibt sich alles von der Seele, und als sie endet, ist ihr Gewissen rein und die Weinflasche leer.

Paula ist nicht mehr gekommen. Den ganzen Tag hat er in seiner Küche gesessen und auf den Sims des geöffneten Fensters gestarrt. Weder die Amsel noch ein anderer Vogel ließ sich von den Brotkrumen locken. Die spüren die Aura des Todes, denkt er. Warum habe ich nichts gespürt, als ich die Wohnung betrat und Paula rief? Herr Hansen bemüht sich, seinen Radius so gering wie möglich zu halten. Die meisten tödlichen Unfälle passieren im Haushalt, hatte er mal gelesen, also trinkt er den ganzen Tag nur wenige Schlückchen und erleichtert sich in der Küchenspüle. Nicht, dass ihm gar der vorsintflutliche Toilettenkasten, der nahe der Decke angebracht ist, gefährlich würde. Wenn er an der Messingkette zieht, um die Spülung zu betätigen, gibt ihm das Rauschen das Gefühl, er rase in einem Fass die Niagarafälle hinab. Das glucksende Geräusch danach klingt wie der Schluckauf eines Riesen. Er lächelt. Paula hätte der Vergleich gefallen.

Draußen dämmert es und sein hastiges Herz verrät ihm, dass er noch nicht tot ist. Ist das ein gutes Zeichen? War Nostradamus gestern nur wenig hellsichtig? Das Licht macht er nicht an. Was, wenn ein Kabel sich gelöst und die Schrauben am Schalter unter Strom gesetzt hat? Alle würden seinen Tod für einen Unfall halten. Was für ein Blödsinn! Das Schicksal ist ein brutaler Mörder. Im Dunkeln tastet er ins Schlafzimmer. Während seiner Küchenwache war er im Geiste den Weg mehrmals abgeschritten, nicht, dass er eine Kommode übersieht, er ins Wanken gerät, stürzt, den Kopf zerschmettert an der Wand. Indes der Tag vorbeigerauscht ist, treiben seine Gedanken ab und wehen unter der Türschwelle in den Flur. Sie vermengen sich mit unbekannten Kräuterdüften und landen auf einem farbintensiven Schoß in der Nachbarwohnung. Verschwommen zwar, die Farben des Kleides wie auch seine Überlegungen, dennoch zwicken sie ihn und zwingen ihn das Farbspektakel als das wahrzunehmen, was es ist: ein Frauenschoß, der bereit ist, ihn aufzunehmen. Er spürt ein Sehnen. Die Wärme, die Geborgenheit. Und er gesteht es sich nur ungern ein, aber im Angesicht des Todes pocht sie unleugbar in jeder Vene: die Lust.

An Schlaf wäre nicht zu denken gewesen, hätte Edda nicht den Wein zur Hilfe genommen. Als sie das Gesicht mit Wasser benetzt, meidet sie den Blick in den Spiegel. Sieben Seiten hatte sie mit ihrem Geständnis gefüllt. Ein Plädoyer, keine Irre zu sein, die einen Goldfisch um Rat fragt, der nur stupide im Kreis schwimmt. Dreimal rechts und einmal links. Das bedeutet weder Glück noch Untergang, sondern vielmehr, dass sein Horizont begrenzt ist, so wie ihrer, und sie jemanden sucht, der ihr die Welt zeigt, wie sie es mit Nostradamus auf der Fensterbank versucht hat.

In der Hoffnung, ihren Nachbarn auf der Straße zu entdecken, setzt sie sich vor das geöffnete Fenster und klemmt den Brief unter das Goldfischglas. Als die Haustür geöffnet wird, springt Edda auf, das Herz gleich mit. Herr Hansen tritt in ihr Blickfeld, freudestrahlend, den Arm winkend zu ihr erhoben. »Ich lebe!«, ruft er lachend durch den Lärm ihres pochenden Herzens und strahlt sie an.

»Es ging alles sehr schnell, Herr Polizist«, sagt die junge Frau und starrt auf die Kreidesilhouette am Boden. »Es war Zufall, dass ich das gefilmt habe. Ich wollte meiner Freundin zeigen, was für Freaks hier wohnen.«

Das Schluchzen der alten Frau aus dem ersten Stock flutet bis auf den Bürgersteig. Die Scherben wurden schon beseitigt, aber ein Scherzkeks von der Spurensicherung hat auch die Umrisse des Goldfisches auf den Gehweg gemalt.

Die Straßengeräusche lassen die Worte des Mannes im Video unverständlich werden. Der ruft etwas, winkt nach oben, und ein fratzenhaftes Gesicht erscheint am Fenster. Schwarze Schlieren lassen die Augen hohl wie bei einem Zombie erscheinen. Der lippenstiftverschmierte Mund füttert die Idee von Kannibalismus im Blutrausch.

»Da!« Die junge Frau weist auf den Bildschirm. »Gleich passiert's!«

Und beide hören den Schrei des Entsetzens, auch wenn der Mann nur von hinten zu sehen ist. Volles Haar, denkt der Polizist nicht ohne Neid, obwohl ihm das jetzt auch nichts mehr nützt. Die Frau mit der verunstalteten Schminke kreischt ebenfalls erschrocken. Das Goldfischglas, das sie gerade angehoben hatte, um etwas darunter wegzunehmen, Fisch und Flut schwappen zeitverzögert hinterher. Das Glas zerschmettert auf dem Kopf des Mannes, das volle Haar rot vom Blut. Der Mann bleibt erst stehen, dreht sich um, Ungläubigkeit auf seinem Gesicht, dann bricht er zusammen, während der Goldfisch noch ein paar Sekunden neben ihm auf dem Beton mit der Hinterflosse flappt.

»Krass, oder?«, sagt die junge Frau, und der Polizist nickt, die Stimme noch nicht gehorchend. »Da war ich endlich mal zur rechten Zeit am rechten Ort. Das gibt echt ein paar Follower.«

DACHGEDACHT

Schuld an dem quälenden Quietschen waren der Wind und der faule Hausmeister. Die Satellitenschüssel hing lose in ihrer Befestigung und lärmte Wunden in Edmars Konzentration. Er stand am Rand der kniehohen Dachumrandung und schaute nach unten. Ein Gefühl von Erhabenheit durchtränkte ihn, auch wenn er wegen seiner Kurzsichtigkeit weder die Menschen noch die Autos erkennen konnte. Sie waren da. Klein. Das reichte ihm.

»Du solltest hier mit Melanie auf den Sonnenuntergang warten und nicht mit mir.« Mutters Hand legte sich auf seine linke Schulter und zwang ihn in eine Umarmung. Und auch wenn sich seine Muskeln anspannten und unsichtbar protestierten, legte er unbewusst kurz seine Wange an ihre Hand.

Unter ihnen im sechsten Stock war die Wohnung leer. Melanie war gegangen. Letztes Jahr schon.

Edmars Ausfallschritt von Mutter weg wurde mit kratzenden Geräuschen der Satellitenschüssel synchronisiert. Er fühlte sich von dem Blechding verspottet.

»Es ist deine Schuld, Mutter, dass Melanie weg ist!«

Der kühle Abendwind fraß heimlich den sonnigen Nachmittag auf und spuckte ein Frösteln aus. Edmar setzte sich auf die Brüstung und schaute auf die graue Dachtristesse. Oberlichter mit weißen Kunststoffdeckeln prangten hier und da wie Eiterpickel. Er wollte sie nicht ausdrücken, aber gerne eintreten, um der Penthouse-Wohnung, die rotzfrech auf den ehemaligen Sozialbau draufgesetzt wurde, zu einer echten urbanen Integration zu verhelfen.

Mutter platzierte sich neben ihn und schaute über die Schulter nach unten.

»Warum bin ich schuld an Melanies Fortgehen? Soll ich mich jetzt Frau Schuld nennen? Guten Tag, ich bin Frau Schuld. Haben Sie Ärger? Kein Problem, schieben Sie die Schuld einfach auf mich.«

»Du machst mich lächerlich. Welche Frau bleibt bei einem Mann, der durch dich vorgeführt wird?«

Mutter nahm ihm den Zeigefinger aus dem Mund, von dem er gerade ein Hautfetzchen mit den Zähnen abreißen wollte. Sie schaute nach unten. »Wie oft bin ich diesen Weg dort entlanggegangen? Tausend Mal? Hunderttausend Mal? Schmeißt der olle Schröder immer noch seine Mülltüten einfach aus dem dritten Stock?«

»Mama.« Edmars Bein fing an zu wippen, als wolle er sich selbst Energie zu pumpen. »Ohne dich wäre mein Leben besser gelaufen.«

»Ohne mich wäre dein Leben gar nicht entstanden.« Sie kniff ihn in die Wange. »Und ohne jeden Esprit. Du würdest nicht mal merken, dass du lebst«.

Edmar riss den Kopf zur Seite und ihr Fingernagel furchte eine rote Linie zwischen Mund und Ohr.

»Es schadet nicht, wenn du meine Gegenwart spürst, auch wenn ich mal nicht neben dir sitze und dich vom Fingerknabbeln abhalte.«

»Wie kann dich irgendwer je ignorieren?« Er rieb sich beidseitig die Ohrläppchen, sodass sie blutrot gegen die Abendsonne konkurrierten.

»Hör auf damit, Sohn!« Mit kleinen flatternden Klapsen zwang sie seine Hände zum Sinkflug. »Sonst hast du bald nicht nur den Bauchansatz eines Buddhas, sondern auch seine Ohrläppchen.« Ihre Worte rutschten an ihm ab und stürzten unbeachtet in die Tiefe.

»Egal wo wir waren, Mutter, jeder hatte Angst vor dir.« Ihre grauen Haare wehten ihm ins Gesicht und Edmar wehrte sie wie einen Schwarm Bienen ab. Breitbeinig platzierte er sich vor Mutter und stemmte die Hände in die Hüften, bis sich das Blut staute. Beeindruckend, wie ein 50-jähriger Mann einen trotzigen 5-Jährigen mimen konnte. »Wenn du dich geräuspert hast, während wir irgendwo Essen waren, dann erstarrte alles um uns herum. Ich habe mich total unwohl gefühlt.«

»Alle haben sich unwohl gefühlt«, antwortete sie gelassen. »Sie fühlten sich ertappt. So wie du immer. Das sind die Schuldgefühle. Der Freund des Paares am Nachbartisch hörte auf, mit seinen schwarz bestrumpften Füßen im Schritt der verbotenen Ehefrau zu fummeln. Der Langfinger nahm die Hände aus fremden Jackentaschen auf seinem Weg zum WC. Und sogar der Kellner versuchte, seine Spucke wieder aus dem Latte Macchiato des Nörgelgastes zu fischen.« Mutter rieb ihre Handflächen selbstzufrieden aneinander. »Es ist gar nicht so verkehrt, daran erinnert zu werden, dass Handlungen Konsequenzen haben können. In meiner Gegenwart entsteht bei manchen Menschen die Angst, ich würde sie zur Rechenschaft ziehen. Dabei fordere ich nichts ein. Bei denen nicht und auch nicht bei dir. Es ist mir schlichtweg alles total egal.«

Edmars Pose glich einem schockgefrosteten Cowboy. Er traute sich jedoch nicht, die Arme zu entspannen. Mutter würde das als Schwäche deuten und ihn verspotten.

»Du bist so dominant, Mutter.«

»Es gibt niemanden, der dominanter ist als ich«, säuselte sie. Ein Limonenlächeln zogen ihre Lippen in die Breite.

»Du genießt das«, krächzte er, untermalt von der Satellitenschüssel.

»Jupp. Ein bisschen.« Sie drehte sich auf ihrem Hintern und ließ die Beine über die Reling baumeln. »Ich werde schließlich oft genug im Leben ignoriert.«

Edmar starrte auf ihren breiten Rücken, der sich hinter blumigem Stoff versteckte und Feminines vorgaukelte. Seine Hände entkrampften sich und er ließ sie wie den Ballast eines Heißluftballons in Abgründe fallen. Das rückgestaute Blut floss in seine Finger und brannte. Wenigstens ein Gefühl.

»Wegen dir stehe ich hier.« Sein verschwommener Blick fiel auf das Nachbarhaus. Die oberen Glasscheiben reflektierten die Abendsonne. Zwei glühende Pupillen. Ein Stockwerk tiefer stand ein Fenster offen. Der Ostwind ließ die rote Gardine in den Himmeln züngeln und Edmar war sich sicher, das Haus streckte ihm die Zunge raus.

»Du bist schuld, dass ich mein Leben versaut habe«, raunte er dem blumigen Rücken zu. Ohne eine Zuwendung an Kopf und Sprache klopfte Mutter mit der Handfläche sanft neben sich und Sohnemann folgte zauderlos dem zarten Befehl. Edmar fragte sich, ob seine Schnürsenkel fest zugezogen waren, als er über die Schuhkappen hinweg zum Abgrund blickte. Buntes Farbkonfetti unter seinen Füßen, bellend, gehend, schimpfend. Müllsäcke flogen.

»Wenn ich dein Leben versaut habe, warum dann nicht auch das deiner Schwester? Sie ist glücklich und erfolgreich. Und ich war in euer beider Leben gleich gegenwärtig. Keinen von euch habe ich bevorzugt. Sie kann nur gut mit mir umgehen. Du nicht.«

Eine Krähe setzte sich wenige Meter von ihr entfernt auf die Balustrade. Mutter lockte das Federvieh mit einem tonlosen »Puttputtputt« in ihre Richtung. Der Vogel legte den Kopf zur Seite, als wolle er einen Kunstkritiker imitieren. Mutter lachte und die Krähe kippte um. Mit einer zarten Bewegung wischte sie das Federvieh von der Dachumrandung und begann gegen das Satellitenschüssel-Quietschen anzusummen.

»Furchtbar! Kannst du damit aufhören?« Edmar warf die Stirn in Falten und die Brust in Pose. »Kein Wunder, wenn die Vögel tot vom Dach kippen.«

»Frau Schuld ist schuld«, lachte Mutter und wippte mit den Beinen. »Wann hast du dir eigentlich die Glatze rasiert?« Sie streckte eine Hand aus, um seine Kopfhaut zu fühlen. Mit der Krähenhand, Edmar wich zurück. »Du siehst jetzt aus wie viele meiner kleinen und großen Kinder. Die Frisur uniformiert Euch. Aber was soll's.«

Mutter wandte sich ab und streckte ihr Gesicht gen Himmel. Mit geöffnetem Mund schien sie die rosa Abendwolken zu schmecken.

Sie war keine schöne Frau, auch wenn ihre Oberlippe in Marilyn-Monroe-Manier ein Muttermal zierte. Es war mit den Jahrzehnten größer und erhabener geworden und wirkte mit ihrem schmallippigen Mund wie ein flachgelegtes Semikolon. Das unentschlossenste aller Satzzeichen, fand Edmar. Das passte so gar nicht zu Mutter. Er hatte auch einen Leberfleck an dieser Stelle. Aber bei ihm assoziierte man eher ein unkultiviertes Verhalten bei der Nahrungsaufnahme. Mehr als ein Kollege hatte ihm oftmals bei wichtigen Geschäftsessen pantomimisch darauf hingewiesen, seinen Mund zu reinigen. Im Büro nannte man ihn deshalb nur noch den Schmier-Ede. Auch ihre Schuld. Keine Frage.

Edmar zündete sich eine Zigarette an. Mutter nahm ihm die Kippe aus dem Mund und warf sie der Krähe hinterher.

»Rauchen kann tödlich sein, das weißt du.« Und gegen seinen Willen zwang ihn sein Gesicht zum Grinsen.

»Ich habe dich zum Grimassieren gebracht.« Sie drückte die Schulterblätter nach hinten. »Wenn eine Grimasse wider Willen passiert, dann nenne ich das Grimassieren. Verstehst du? Grimasse – passieren, gleich: Grimassieren. Habe ich mir gerade ausgedacht.«

»Das Wort gibt es schon. Aber ein netter Versuch von dir, mal zuzugeben, dass du Schuld an meinem Gesichtsausdruck hast!«

Mutter lächelte und tätschelte sein Knie. »Vielleicht bin ich ja doch nicht so schlimm, wie du immer dachtest.«

»Oh doch!« Edmar steckte sich eine zweite Zigarette an und hob theatralisch den Unterarm zur Abwehr.

Erinnerungen flockten hoch. »Schon als Kind hast du mir Angst gemacht. Hast gesagt, jederzeit könne er kommen, der schwarze Mann, wenn ich dieses oder jenes nicht täte. Hast mich erpresst mit meiner Angst, hast mich damit gefesselt und gehindert, meine eigenen Erfahrungen zu machen. Du hast mich wahnsinnig gemacht mit deinen Ge- und Verboten, Hinweisen und Zeichen. Deinen ›Dies nicht‹ und ›Das schon‹.« Sein Gesicht war umwoben von hellem Rauch. Eine dramatische Inszenierung des Rückblickschmerzes, mit Pyrotechnik aus der Kippenpackung. Edmar sah sich selbst vor seinem inneren Auge und war bekümmert angesichts des eigenen emotionalen Leidensweges. Er oder der Abendwind hexte ihm eine Gänsehaut aufs dünne Fell.

Mutter beeindruckte das wenig. Die Leichtigkeit ihrer Körpersprache ließ eher vermuten, sie säße an einer Uferpromenade im Süden und äße ein Eis. Die Beine baumelten, die Filzpantoffel schlackerten geräuschlos an die weißen Rüschensöckchen an ihren Sohlen.

»Und glaubst du, ich habe mir das ausgesucht? Du warst so ein schwieriges Kind.« Ihre Beine entbaumelten sich. »Hast immer nur mit mir gespielt in all deiner Kränkelei. Ich bin fast wahnsinnig geworden. Und dann«, sie packte sein Kinn und zwang ihn, in ihre Augen zu schauen, »dieses ewige Selbstmitleid! Und die Hypochondrie! Als hätten nicht alle mich zu ertragen!« Die schlackernden Beine setzten wieder ein, und schienen fast einen Rhythmus auf die Hauswand zu trommeln. »Und deine Macken! Alleine dafür hätte der schwarze Mann mal seinen Dienst antreten dürfen: dieses ewige mit den Knien herumhibbeln, Fingerknibbeln oder wie du deine Füße in den Socken vor dem Fernseher auf dem Hocker aneinander gerieben hast! Das war Nervenquälerei!«

Es schepperte und die Satellitenschüssel kapitulierte am Boden. Ausgerechnet auf der wackeligen Konstruktion hatte ein Taubenpaar das Liebesspiel gewagt. Mutter und Sohn betrachteten das liebestolle Pärchen, das nicht daran dachte, mit der Kopulation aufzuhören.

»Hast du es mit Melanie mal auf dem Dach getrieben?«

»Mama!« Edmar krampfte seine Hände zu Fäusten.

»Ich meine ja nur! Wusstest du, dass man einen Orgasmus auch den ›kleinen Tod‹ nennt?«

Der Sohnemann zwang seine Hände, sich an der Hose zu strecken, dehnte die Sehnen durch aktives Reiben, weil sich die Finger nicht von allein erlaubten, zu entspannen. Er fühlte seinen Autoschlüssel in der Tasche, zog ihn heraus und schleuderte ihn von einer Hand in die andere. Melanies Herzchen-Anhänger hing immer noch am Bund und er presste den roten Kunststoff in seine Handinnenfläche.

Mutter stupste ihn keck mit ihrer Schulter in die Seite. Sie wirkte wie ein kleines Schulmädchen, die Haare vom Wind zerzaust, Strähnen zwischen ihren offenen Lippen. »Bevor dein Vater starb, waren wir oft zusammen hier oben. Vor allem, nachdem er den Kreditvertrag für die Wohnung unterschrieben hatte. Das waren viele schlaflose Rendezvous mit mir.« Sie spuckte nach unten und freute sich, dass sie erfolgreich zwischen ihre Füße gezielt hatte und ihre Filzpantoffeln verschont blieben. »Hast du die Wohnung eigentlich schon abbezahlt?«

Als er die Luft zwischen den Zähnen herauspresste, wusste er, dass sein Mund als Ventil versagen würde. Er warf den Autoschlüssel auf die Straße. Mit Blicken verfolgen konnte er ihn nicht, aber Mutter schaute neugierig hinterher und zog Brauen und Mund zusammen, als der Schlüssel gelandet war.

»Du hast gerade einem Typ im grünen Ledermantel den Scheitel verbreitert.« Mutter kicherte und klatschte in die Hände. »Aber immerhin kann er jetzt mit deinem VW Polo zum Arzt fahren.«

Edmar schaute herunter und sah nichts außer einem bedeckten Farbenbrei. »Der braucht meinen Polo nicht. Der fährt einen grünen Porsche.«

»Oh, grün! Grün ist die Hoffnung! Und kennst du ihn?« Mutters Entzücken wollte gar nicht weichen.

»Das ist Melanies neuer Freund. Er wohnt in dieser Penthousewohnung«. Edmar wies mit dem Kinn Richtung erhabener Dachfenster. Das Abendlicht nahm ihm seine Farblosigkeit. Die grauen Bartstoppeln leuchteten orange und entfremdeten ihn mit seinem Gesicht.

Mutter sprang geschmeidig auf und lief zu einem der Oberlichter. Trotz Filzpantoffeln schaffte sie einen imposanten Hüpfer auf die Kunststoffkuppel und Edmar hörte es krachen.

Mit einem Rabaukengesicht stürmte er zu Mutter, packte sie am Arm und zog sie auf die graue Teerpappe des Daches zurück. Sie hielt kurz inne, küsste ihn auf die Wange und lachte. »Du wolltest doch eh vom Dach springen, was interessiert es dich dann, was Breitscheitel hierzu in seiner grünen Hoffnungswelt sagen wird?«

Irgendwo hupte ein Auto und Edmar empfand das als Zustimmung. Er sprang auf das nächste Oberlicht, als wäre es ein Daunenkissen und er bei einer Kissenschlacht. Der gebrochene Kunststoff ritzte sein Bein auf. Er spürte es nicht.

Ein Krankenwagen tatütatate durch die Straßen. Beide suchten unbewusst die Ferne nach einem Blaulicht ab.

»Das macht dich an, nicht wahr? Du warst schon immer sensationsgeil, wenn andere zu Schaden kamen, Mama.«

Edmar stolperte zurück zur Dachumrandung und nahm wieder Platz. Sein Hosenbein war blutdurchtränkt, der Stoff in Fetzen.

Die Sonnenwärme hatte das betonähnliche Material der Balustrade mittlerweile verlassen. Er nahm seine Brille aus der Brusttasche, brach einen Bügel ab und begann ein M in den Untergrund zu kratzen. Mutter setzte sich rittlings zu ihm.

»Ein M für Mama?«

»Melanie!« Edmar spuckte jede einzelne Silbe Mutter vor die Brust. »Ohne dich wäre sie noch bei mir und nicht in dieser verkackten Penthousewohnung mit dieser verfluchten Arschgeige in seinem verfickten Porsche!«

»... und seinem verblödeten Breitscheitel!«, kicherte seine Mutter. An Edmars Schläfen tobten die Adern. Er ballte die Fäuste und hielt Mutter den abgebrochenen Brillenträger direkt vor ihr Auge, als wolle er eine Cocktailkirsche aufspießen.

»Du bist schuld!« Mutter schaukelte mit ihrem Kopf hin und her und ließ amüsiert ihre Augenbrauen tanzen. Er packte sie am Arm, zog sie heran und zwang sie, sich in seinem Spucknieselregen auf ihn zu konzentrieren. »Du, verflucht, du hast die Tür aufgelassen! Die Katze ist rausgelaufen. Alle sechs Stockwerke!« Edmars Worte stolperten und polterten übereinander, nebeneinander, durcheinander. »Unten lagen die Müllsäcke vom Schröder. Mitten auf der Straße. Mietzi hat sie zerfleddert und die Wurstpackungen ausgeleckt.« Er öffnete seine Hände und ließ die Arme abrupt fallen. Sein Oberkörper schwankte über dem Abgrund. Mutter hielt ihn fest.

»Und daran bin ich schuld.«

»Ja. Und dass der Hund von Frau Mehles die Katze sah und töten wollte. Der Köter hat sich losgerissen und Frau Mehles schlug sich auf dem Bürgersteig die Stirn auf. Ich habe den Hund echt nicht gesehen, als ich losfuhr. Das war fast wie ein Selbstmord, wie der sich auf meinen Kühler warf.«

»Du fuhrst rückwärts, mein Sohn.«

»Hör auf mit der Klugscheißerei!« Wuttröpfchen aus seinem Mund. Frau Mehles hatte ihn aus dem Auto getrommelt, wütete eine riesige Delle in sein Wagendach. Als er ausstieg, waren seine Eier dran. Er hatte nur eine Abwehrhaltung eingenommen. Aber die aufkreuzende Polizei glaubte ihm nicht, als sie Frau Mehles Stirnwunde sahen. Dabei hatte er die schlimmsten Prellungen am Sack. Melanie hatte vermutet, dass deshalb seine Kameraden nicht mehr richtig schwimmen konnten und es nie mit einem Kind geklappt hatte.

»Deshalb ist sie gegangen?« Mutter legte ihren Kopf ein bisschen schräg und fuhr nachdenklich mit der Zunge an den Rand ihres Muttermals. Unbewusst tastete er mit den Fingern nach seinem.

»Und weil ich an dem Tag den Vorstellungstermin für die Abteilungsleiterstelle verpasst habe. Drei Stunden auf dem Revier. Drei Stunden in einem vergitterten Raum sitzen und anderen beim Pissen in ein Blechbecken zuschauen.«

Ein Motorrad toste die Straße entlang.

»Hör mal, die Organspender-Saison hat wieder begonnen.« Mutter lachte und schwang wieder beide Beine über den Abgrund. Edmar betrachtete ihre Hände in ihrem Schoß. Sah ihren Ehering, einen schmalen, wahrscheinlich mit einem facettierten Glasstein anstatt mit einem Diamanten. Den hatte er nach Mutters Tod Melanie geschenkt.

»Hättest du die Katze nur in der Wohnung gelassen ...«

Edmar verschränkte die Arme vor seiner Brust.

»Und jetzt willst du dich des Suizids schuldig machen?«, wollte Mutter wissen. Sie versuchte, sich im Wind die Haare hinter die Ohren zu kämmen, presste ihre Handfläche auf ihren Kopf zur Bändigung.

»Du weißt, wer hier die Verantwortung trägt. Deine Konsequenz. Am Ende bist immer du.« Edmars Kiefermuskulatur verkrampfte sich.

»Sollte ich deshalb in der Gestalt deiner Mutter kommen, um dich abzuholen?«, fragte sie. Er nickte.

Sie blickte an sich herunter: »Ein Blümchenkleid ist auch mal eine echte Alternative zu meinem schwarzen Kapuzenumhang. Und ohne Sense habe ich endlich mal die Hände frei!«, lachte Mutter und klatschte in eben diese. Dann strich sie ihm mit einem Finger über die Wange und löste die düsteren Gedanken, auf denen er herumkaute. »Erkennst du denn wenigstens jetzt, wie schön das Abendlicht ist?«

Edmar schaute in Mutters Gesicht, sah die rötlich angestrahlten Haare. Blickte auf seine Hände, entspannt und ruhend. Er nickte.

»Siehst du, du brauchst mich, um die Schönheit der Welt wahrzunehmen und zu genießen. Ohne mich wäre sie beliebig. Mit mir wird jeder Augenblick einzigartig und un wiederholbar, das Kostbarste auf Erden, weil im nächsten Moment alles vorbei sein wird.« Am Nachbarhaus-Fenster wurde die Zungengardine eingeholt. Die Scheiben reflektierten schon seit Stunden kein Tageslicht mehr.

»Bin ich immer noch schuld?«, wollte Mutter wissen.

»Ja.«

»Gut«, lächelte sie und wischte Edmar mit zartgeblümtem Arm vom Hochhausdach. Sein Körper zerschmetterte neben dem grünen Porsche.

SEELENTANZ

Der Riss in der Wand verlief von der Zimmerdecke zu dem gerahmten Bild von Frank und ihr. Ein Selfie im irischen Baltimore. Vor einem kirchhohen Objekt, das aussah wie ein Zuckerhut oder ein Milchaufschäumer. Der Aufstieg war schweißtreibend gewesen und doch einer der schönsten Tage in Alienas Leben. Der Blick über die Bucht war atemberaubend. Delfine tummelten sich in dem blauen Meer und winzige bunte Jollen segelten am Rand der Küstenklippen. Damals fühlte sie sich frei, als wäre sie einer der Delfine.

»Du kannst nicht vorgeben, kein Fisch zu sein, wenn du wie ein Fisch lebst«, hatte Frank gesagt, bevor er ging.

›Warum bin ich ein Fisch?‹, fragte sich Aliena, ohne den Blick von Baltimore zu wenden, wegen ihrer Beine? Schwamm sie mit dem Strom? Hatte sie Schuppen? Wahrscheinlich, weil sie sich treiben ließ.

»Ich bin kein Fisch, ich bin eine Meerjungfrau«, flüsterte sie, als sie die Tür hinter ihm ins Schloss fallen hörte. Vermutlich hatte Frank erwartet, sie werde ihm nachschauen, Tränen würden sich einen Weg bahnen und spätestens bei der Gartenpforte würde er ihren Rückruf erwarten, sich umdrehen und ihr weiter zur Seite stehen. Nur ein Wort von ihr – bleib.

Stattdessen verharrte sie im Flur zwischen der Tür zum Keller und dem Bild, das aussah, als stützte es den Riss in der Wand. Wartete, bis sie endlich sein Auto starten hörte, starrte auf den Zuckerhut aus Beton und dachte an Delfine.

Die Lider brannten. Sie schloss die Augen und tauchte ab, um sich in Erinnerungen treiben zu lassen. Eine Meerjungfrau. Schwerelos in ihrem Element. Sie öffnete die Augen. Bei dem anderen Mann war sie es. Schön. Frei. Bei dem Fremden aus dem Internet.

Frank wäre irgendwann auch ohne ihre Aufforderung gegangen. Die Melancholie drängte sich schon seit geraumer Zeit zwischen ihnen, war eine übereifrige Souffleuse in ihrem Leben, flüsterte Aliena zu, nicht mehr attraktiv zu sein, eine lähmende Last für Frank. Sie mahnte sie zur Resignation, wies sie an, die Welt da draußen tatsächlich da draußen zu lassen. Und das geerbte Haus, ein verwohnter Rauputzklotz, ließen darüber hinaus Alienas Arme schwer in den Schoß fallen, als hätte ein Mafioso sie mit Betonblöcken beschwert.

»Du bist unflexibel geworden«, hatte Frank erklärt. Zu häuslich. Unbewegt in Gang und Gefühl. »Wenn ich dich im getäfelten Wohnzimmer sitzen sehe«, flachste er, »muss man nur noch die Decke mit Holz verkleiden. Der Sargdeckel ist dann perfekt.« Sie habe sich aufgegeben, verstecke sich, reise lieber mit Travel TV an fremde Orte, anstatt vor die Tür zu gehen.

»Du bist unflexibel geworden«, antwortete Aliena, erklärte aber nicht mehr. Franks Hände stolperten nur noch über ihren Körper und das überdies recht selten. Wie sollte sie sich da begehrt fühlen? Vor allem nach dem schlimmen Ereignis.

Wenn sie Freunde zum Essen einluden, legte er zwar seinen Arm um Aliena, aber sie fühlte sich nicht umarmt, sondern markiert. Schon beim Verabschieden der Freunde ruhten seine Hände in den Hosentaschen und nicht mehr auf ihrem Rücken.

Die Tapete am Kellerabgang zierte noch ein 70er-Jahre-Muster, dessen Kreise sie schon als Mädchen mit dem Finger gefolgt war. Jeden Tag reiste sie auf den Linien der alten Tapete in Gedankenräume.

Den Keller mied sie schon als Kind. Zu viele Gespenster. Und jetzt schafft sie es erst recht nicht. Noch mehr Gespenster. Sie schloss die Tür zum Kellerabgrund und schaltet ihr Handy an.

»Wo bist du?«, wollte der Fremde wissen. »Ich vermisse dich!«, und er verzichtete wie immer auf die albernen WhatsApp-Emojis.

Im Familienchat von WhatsApp verschwand Bernd hinter dem Synonym Gatte. ›der Gatte beim Rasensprengen‹, ›dem Gatten schmeckt der Kuchen‹, ›Kind und Gatte haben Spaß‹ stand da neben den Fotos, die für die Großeltern bestimmt waren. Es hatte Monate gedauert, bis die Schwiegereltern der Nutzung eines Smartphones zugestimmt hatten. Jetzt konnte es seine Schwiegermutter kaum noch aus den Händen legen.

Das Kind war mittlerweile sechszehn Jahre alt und der Spaß beschränkte sich auf den Moment, an dem Bernds Frau auf den Auslöser der Kamera drückte, um die Familienfröhlichkeit zu konservieren. Bernd sandte lieber Sprachnachrichten.

»Du hast so eine schöne Stimme, Bernd«, schwärmte seine Schwiegermutter und er wusste, es kam nie auf das Was, sondern nur auf das Wie an.

Früher – und es ließ seinen Mund trocken werden, wenn er daran dachte – wirkte der Zauber auch bei seiner Frau. Bei ihrem ersten Treffen erkannte er an den Runzeln auf ihrer Nasenwurzel, dass sein Lächeln ihr nicht gefiel. Trotzdem sprach er sie an, ließ die Magie seiner Stimme durch die Luft tanzen. Die Worte waren nicht wichtig, nur das Lachen, das Summen, das sie begleitete, eine Stimme wie Musik. Und er dirigierte die Worte mit Gesten zu geschmeidigen Pirouetten. Die Runzeln verschwanden auf der Stirn seiner Angebeteten und ihre Augen öffneten sich vor Überraschung. Sie kratzte sich schüchtern am Hals, bis eine gerötete Spur von ihren Ohren bis hin zum Schlüsselbein führte, die er augenblicklich mit Küssen hatte verfolgen wollen. Ihr Lächeln erfüllte ihn mit Stolz. Er war wie ein Clown, der aus der Torte sprang und sie zu ihrer beider Verwunderung zum Lachen brachte.

Heute ist er immer noch eine Überraschung für sie. Aber ohne Torte und ohne Clownesse. Wenn er den Müll vergaß herauszubringen, erstaunte er sie. Oder wenn er Samstagabend keine Brathähnchen besorgte, die sie jede Woche, Geschirrtücher in den Kragen gestopft, vor dem Fernseher, die Finger fettig, der Raum voll Bratgeruch, verspeisten.

Bernd vergaß immer mehr von den ihm angedachten Gewohnheiten, selbst die liebgewonnenen, wie den Sex am ersten Sonntag im Quartal. Seine Frau schob das auf eine

Midlifecrisis nach dem fünfzigsten Geburtstag. Bernd wusste, es lag an der Fremden.

An manchen Tagen überlegte er bissig, ob sein Sohn seine Mutter für einen Zyklopen hielt, weil sie ihrer aller Leben mit der Kamera für die Großeltern dokumentierte. Er betrachtete die Bilder seiner Frau im Familienchat. Las nach, welchen Spaß er und Sohnemann wieder gehabt hatten. Eine Idylle aus unspektakulären Ereignissen, aufgeplustert mit Worten und mit Nostalgiefiltern entfremdeten Bildern. Er erkannte sich selbst nicht als ›heißen Heckenschneider oder genialen Grillmeister‹ mit der lustigen Schürze, auf der eine kopflose Bikinischönheit abgedruckt war. Kuchenrezepte wurden von seiner Frau proklamiert, Bildbeweise vom Pancake-Backen, die Gesichter von blauen Krümelmonstern hatten, als wäre Sohnemann noch sechs Jahre jung. Bernd betrachtete die dokumentierten Werke der Gattin: Die Handarbeitsresultate, deren nadelklapperndes Entstehen ihn wie ein Tinnitus jeden Abend begleiteten, wenn seine Frau vor dem Fernseher strickte. Und die Blumen aus Nachbarsgarten, die schöner, größer, exotischer als die eigenen kleinen Stängel waren. Bernd favorisiert verblühte Blüten. Wenn die nackten Stiele und Stempel sich blätterlos Richtung Himmel reckten, wie in einem ekstatischen Tanz. Sehnsuchtsvoll. Wie er. Nicht, dass sich bei ihm noch viel reckte, wie seine Frau einmal im Quartal behauptete. Aber das Sehnen blieb.

Als Frank sogar seinen uralten Staubsauger abholte, vermutete Aliena, er gehe wirklich für immer. Frank hatte nochmal kurz die Wohnzimmertür geöffnet und hereingeschaut, um Tschüss zu sagen. Und in alter Gewohnheit sammelte er die leeren Flaschen ein, die sie im Flur statt im Keller drapiert hatte, klemmte sich das Altpapier unter den Arm und mahnte sie, sich Hilfe zu holen, damit sie in dieser Bruchbude nicht verrotte. Ihr Schweigen irritierte ihn. Früher hatte sie sogar allein in einem leeren Haus das Zanken angefangen.

Die erste Etage hatte Aliena ebenfalls aufgegeben. Nachdem sie eines Tages die Kellertreppe hinabgestürzt war, weil Franks Staubsauger beim Abgang ihr mit ausladendem Rohr ein Bein gestellt hatte, hatte sie im Wohnzimmer Quartier bezogen. Das Sofa diente als Bett, der Laptop als Guckloch in die fremde Welt im World Wide Web.

Ein Leben wickelte sie besonders ein: Es war fröhlich, das Leben einer Großmutter. Ein Gestöber aus schönen Ereignissen, ohne Gedankenbahnen auf alten verblichenen Tapetenkreisen, sondern farbig mit Geschichten eines Familienlebens, in dem sogar die gebackenen blauen Törtchen Gesichter hatten.

Im Flur war die Tapete im unteren Bereich mit Narben versehen, gerissen von dem Kater, den sie sich zum Einzug ins neue Haus geholt hatten. »Richte das endlich!«, forderte seine Frau, aber Bernd verschob es Tag um Jahr, schaute bei jedem Betreten des Hauses auf die abgesäbelten Tapetenhobel. Er wollte das Schuldgefühl im Hals spüren, weil sie eine nicht vorhandene Allergie beim Sohnemann vorgeschoben hatten, um den launischen Kater wieder ins

Tierheim zu bringen. Darüber fand sich keine Info im Familienchat und die Fotos von Mucki wurden nachträglich von seiner Schwiegermutter im Internet gelöscht.

Manchmal verhedderte sich Bernd nachts in den Fäden des Internetzes, folgte Unbekannten auf Facebook und Co. und wunderte sich, dass alle so fröhlich waren, wie er es angeblich im Instagram-Blog seiner Schwiegermutter war. Die nutzte die Familienchatbilder für die Jagd nach fremden Herzen.

Und da traf er sie, die Fremde, als die per Tastendruck im Blog seiner Schwiegermutter seinem Dasein ein Herz schenkte. Er schrieb sie an, fragte, warum sie das Leben der anderen mit Herzchen pflasterte, ohne ihres zu öffnen.

»Bist du allein?«, wollte Aliena wissen. Und er antwortete »ja«, und das war nicht einmal gelogen.

Geruchsgeschwader in jedem Raum. Bernds Frau hat das Haus mit Aromen-Accessoires überladen: mit Duftstäbchen, durchtränkte Pappfiguren, Potpourri aus synthetischen Naturgerüchen, die Heimatharmonie hießen, Lebensfreude, oder Seelentanz.

»Bloß nicht sich selbst wahrnehmen«, frotzelte Bernd die Moschuspyramide an, die die Gattin auf seinen Schreibtisch gestellt hatte. Er roch an seiner Achsel, zeigte mit dem Zeigefinger schnalzend auf sein Spiegelbild in der Fensterscheibe und schubste das Geruchserlebnis in den Papierkorb. Wie wohl eine Seele tanzt?, sinnierte er. Ohne einen Vollrausch würde seine Seele vermutlich nicht einen bummeligen Tanzschritt wagen.

Als sein Sohnemann noch klein war und sein Lieblingslied im Radio hörte, begann das Kind mit erhobenen Armen von rechts nach links und zurück zu hüpfen. Es hoppelte dabei durch das Wohnzimmer, den Flur, zur Küche, den Mund weit aufgerissen und vor Begeisterung laut lachend. Sein Sohn ließ die Finger Richtung Himmel schwirren, als seien sie ein Bienenschwarm und schüttelte die blonden Haare. ›vielleicht ist das ein Seelentanz‹, dachte Bernd, ›vollkommen authentisch‹. Könnte er sich das naive Glücksgefühl ausleihen? Nur für einen klitzekleinen Moment der Gedankenlosigkeit? Wie sein vergangenes Kind stellte Bernd sich in die Mitte seines Büros unterm Dach, riss die Arme hoch, flatterte mit den Fingern in der Luft, hüpfte von einem Bein auf das andere und schüttelte den gekürzten Haarkranz. Bevor er in sich hinein hören konnte, ob seine Seele tanzte, blitzte es auf und der Hauszyklop lichtete ihn für den Familien-Blog ab. Bernd trat seiner Frau die Tür vor der Linse zu, schloss die Tür ab und ließ sich auf den Schreibtischstuhl fallen. Sein ganzer Körper war eine Absteige für Zorn und Enttäuschung. Ihm war kalt.

Aliena würde ihm den Groll nehmen, durchwärmte es ihn. Pur wie sie war – seine Fremde aus der Ferne. Ihr Sirenengesang würde ihn locken, umfangen und er wird wissen, dass alles gut war. Er starrte auf das leere Chatkästchen und formulierte in Gedanken bereits die Worte, die ihn Herz und Hose öffnen ließen.

Der Fremde schrieb Aliena eines Tages an und fragte sie, was sie am Leben der anderen fasziniere.

»Mein Leben ist leer«, antwortete sie, »reduziert auf mich und ein unrenoviertes Haus, in dem nur die Tapetenmuster Platz zum Kreisen haben.« Sie sei eine Geisel dieses Ortes und traue sich nicht hinaus.

Ob sie niemanden hätte, der sie daraus befreien könne. Einen Prinzen zum Beispiel, auf einem weißen Pferd? Lieber einen Menschenmann, antworte Aliena, sie sei eine Nixe, hilflos auf dem Trockenen, aber ein Mann könne sie wieder mit den Menschen versöhnen.

»Was muss ich tun, schöne Fremde«, schrieb er zurück, »dich küssen wie Dornröschen?«, und er versprach ihr Sehnsüßigkeiten per Sprachnachrichten, die sie begierig entgegennahm, um von ihnen zu naschen.

Aliena wusste nicht, dass ihr Fremder der perfekte Schwiegersohn war, der Rasenbezwinger, das bekochte, bestrickte, bespaßte Oberhaupt der Blogfamilie. Der Familienvater, der die besten Koteletts grillte, die schönsten Vogelhäuser baute. Sie beneidete die Großmutter um die Leichtigkeit eines erfüllten Lebens, in dem jeder seinen Platz zu haben schien.

Tagein, tagaus verkleidete Bernd seine Traurigkeit in selbstironische Scherze und provozierte damit jede Menge Runzeln auf der Nase seiner Frau.

Im Arbeitsalltag spürte er den Tarnmantel des Älterwerdens auf den Schultern. Sprach er nicht, war er unsichtbar. Mittlerweile widmete kaum jemand seinen Worten große

Beachtung, egal welche Pirouetten seine Stimme im Raum beschrieben. Jeder schien zu wissen, wer er sei und was er sagen wollte.

Nur die Fremde, Aliena, nahm den Farbabrieb seiner Worte nicht wahr, und er traute sich, sein Sehnen zu offenbaren. »Das bin ich!«, nahm er auf für sie, sprach, ohne das Etikett eines Versorgers, der nicht einmal über ein Brathähnchenbein hinweg angeschaut wurde, wenn sich keine Kamera zwischen ihm und seiner Ehefrau befand. Er löschte die Nachricht wieder, dachte es nur mit all den anderen Gedanken, die ihn weiter von seiner Frau entfernten.

In der intensiven Intimität der Distanz ließ er sich bei der Fremden fallen. Trieb es mit ihr. Trieb mit ihr ab. Das war ein Traum, nicht mehr. Kein Betrug, nur eine Fantasie. ›Ist das falsch?‹, fragte er sich jeden Morgen, wenn er aufwachte, noch die Hände feucht von seinen Gedanken an Aliena und den Hals geschnürt vom Sehnen. Und vom Schuldigfühlen.

In ihren Nachtträumen konnte Aliena nicht gehen, aber immer fliegen. Früher reichte ihr das. Aber nachdem Frank fort war, glotzte die Holzvertäfelung der Wände sie mit vorwurfsvollen Augen an und mahnte an die verborgene Feuchtigkeit im Stein. Jeden Abend rückte die Holzwand ein Stückchen näher.

Eine Fliege drehte sich seit Stunden unter der alten Deckenlampe im Kreis. Weder Licht noch Wärme hatten sie angelockt und dennoch verließ sie nicht ihre Bahn, bis sie tot zur Erde fiel. Aliena schaltete den Computer an. Eingesperrt in ein Chatkästchen, steril in Schwarz auf weißem Grund, versprachen seine Worte die große Freiheit der Gedanken, warfen Netze nach hier aus. Man muss kein Fisch sein, um sich dem Fischer hinzugeben. Und selbst als der Bildschirm lange ausgeschaltet war und die ersten Vögel zwitschernd den Tagbeginn bekannt gaben, passte Aliena seine Sehnsüchte den ihren an.

Sie stellte sich vor, wie er an der Haustür klingelte und sie ihm öffnete. Er würde sie nach oben in ein Himmelbett tragen, das sie in Gedanken erst erschaffen musste und sie bis zum nächsten Morgen lieben. Er nähme sie einfach. Genug der Worte.

Frank war wieder da. Plötzlich stand er vor dem Sofa. Er habe versehentlich ein paar Bücher von ihr mitgenommen und den Haustürschlüssel habe er ja auch noch.

»Hausfriedensbruch ist das!«, schimpfte Aliena und richtete sich auf, um eine respektable Haltung zu erlangen.

»Hast du in Klamotten geschlafen?«, fragte Frank und begann den Kragen ihrer Bluse zu richten, der gar keinen Kragen hatte. Aliena schwieg. »Aliena, du musst dir jemanden für die Hausarbeit suchen!«

Er klappte ihr Notebook auf, um mit der Recherche zu beginnen, und das Standby entließ sich surrend aus dem Geheimnisträgerstatus. Der Bildschirm offenbarte getauschte Sehnsüßigkeiten der vergangenen Nacht, die bei Tageslicht ungesund erschienen. Aliena schlug mit einem heftigen Schlag den Deckel zu, als wollte sie Frank vor dem Rachen eines Krokodils beschützen. Und Frank schlug die Haustür zu, als wäre das Krokodil noch hinter ihm her.

Als sein Kind fünf Jahre war, fragte Bernd es eines Morgens, ob es etwas Schönes geträumt habe.

»Weiß nicht mehr«, überlegte der Kleine, »aber schau mal in meine Augen, vielleicht kannst du da noch was sehen«.

Einmal im Quartal versuchte er morgens seiner Frau in die Augen zu blicken, ansonsten schliefen sie getrennt. Lüsternheiten erlebten sie nur oral. Kuchenbacken, Grillen, Rösten, Kochen, Schmecken: die gemeinsame Nahrungsaufnahme – alles im Familienchat dokumentiert – an schön gedeckter Tafel, mit Sprüchen versehen wie ›heute lecker Lamm gekauft! Gatte ist der Größte am Grill‹, ist der einzige eheliche Höhepunkt, später auch nachzulesen im Blog der Schwiegermutter, für alle die, die Appetit auf Eintopf-Idylle hatten. ›Völlerei statt Vögelei‹, dachte er verbittert. Und der Genuss vergrößert neben Hüften auch ihre Distanz zueinander.

Ganz anders bei der Fremden: Unwiderstehlich fühlte er sich bei ihr. Die Haare voll, das Sehnen prall; die Scham auf ein vertretbares Maß getrimmt, erzählte er sich in schönen Worten, er betrüge seine Frau in einer virtuellen Welt nicht mehr als sie ihn mit dem fremden Gatten im Familienchat.

In manchen Nächten sah Bernd sich mit Aliena über Wiesen tanzen. Vielleicht nackt den Seelentanz zelebrieren.

Mit seinem Handy fotografierte er Selfies und rang mit sich, Aliena die Bilder zu senden: nackt, halb nackt, dreiviertel nackt. Mit und ohne Kopf. Unterhose an und aus.

Gesicht oder Po im Profil, die Luft herausgepresst, den Bauch eingezogen, Becken oder Slip gespannt.

Er löschte sie ungesehen.

Aliena widerstand dem Drang, den Abfall einfach die Kellertreppe herunterzuwerfen. Die Mülltüte um ihr Handgelenk schnürte an ihrem Puls. Ihr Herz stolperte vor Aufregung wie es das sonst nur bei dem Signalton des Smartphones tat.

›Wenn ich es nicht schaffe, mich der Welt zu stellen, wie will ich dann meinen Geliebten treffen?‹, predigte sie sich, als sie die Hand auf die Klinge der Haustür legte.

Der Fremde hatte ein Date schon vor Wochen vorgeschlagen, seitdem sie verriet, dass sie im selben Ort lebten. Täglich habe er nach ihr Ausschau gehalten: im Supermarkt, bei Café-Besuchen, beim Joggen im Wald. Vielleicht hatten sie sich schon gesehen, sich angelächelt, er ihr einen Sitzplatz angeboten oder ihr einen Parkplatz weggenommen.

»Ich habe kein Auto«, verriet sie ihm und sitzen täte sie schon eh genug.

Wünschte sie nicht auch, ihn zu treffen, wollte er wissen. Die Worte waren neutral gewählt und dennoch erlas Aliena einen kleinen Schweißfilm der Angst auf den Schenkeln der Buchstaben.

Schmerzhafter, als er erahnen könnte, wollte sie antworten, ließ aber das Chatkästchen verwaist, bis sie sah, dass er seinen PC verlassen hatte und offline war. Dann verfasste sie Romane in dem mitwachsenden Schreibfeld, offenbarte ihren Wunsch, das alte Haus und Leben hinter sich zu lassen, die Tür einfach aufzureißen und hinauszulaufen! Zu ihm, wo immer er auch war! Sie würde an allen Türen klingeln, Frauen von ihren Kerlen schubsen, Kindern die Hände ihrer Väter entreißen und allen Männern dieser Stadt in die Augen schauen, bis sie ihn fände. Ein Blick würde genügen und sie würde ihn erkennen. Sie schrieb und schrieb, lächelte, während die Worte und Tränen flossen, bedauerte es, dass keine Schlieren aus Tinte wie früher ihren Liebesbrief an den Fremden verzieren konnten. Kein Parfum konnte sie nutzen, um ihr Liebe zu bestäuben. Sie konnte nur sich selbst verschenken, ausgesprochen, seelisch nackt. Also, ausgesprochen nackt.

Aliena berührte mit den Fingerspitzen die Klinke. Den Müllsack trug sie wie eine Fessel am Handgelenk und drückte sich mit ihrer Schulter gegen das Holz der Tür.

Sie prallte an ihm ab, als er überraschend ihr entgegentrat. Er zerrte ihr die Mülltüte vom Arm und Aliena merkte trotz seines Lächelns, wie unwohl Frank sich in ihrer Gegenwart fühlte.

»Wieso bist du da?«

»Aliena.« Er stopfte den Müll in die Tonne und schob Aliena ins Innere des Hauses. »Lass uns reden.«

Bernd schaute sich die Fotos von den letzten Ostsee-Ferien mit den Großeltern im Blog seiner Schwiegermutter an: Ein symmetrisches Heer aus Strandkörben simulierte ein freies Urlaubsgefühl. Mittendrin sah er sich, in kurzer Hose, nacktem Oberkörper und Turnschuhen an den Füßen. Oh je, war er wirklich so dick? Das war ihm gar nicht aufgefallen.

Unbewusst zog der den Bauch ein. »Der Gatte meiner Tochter mag keinen Sand zwischen den Zehen«, stand als Bildunterschrift und er frage sich, warum die ganze Welt davon wissen müsse. Er pumpte sich voll Zorn und ließ den Bauch anschwellen. Jetzt wusste jeder, dass er leuchtend weiße Füße hatte! Auch wenn die kaum jemand zu sehen bekam, beim raren Geschlechtsverkehr verkleidet in dunkle Socken, war nun diese Wahrheit blendend hell ans Licht geholt. Eine Witzfigur war er! Vielleicht sollte er seine Füße noch für ein Foto zur Verfügung stellen! Aliena hatte dem Strandbild just ein Herzchen in den Kommentaren geschenkt.

»Magst du Sand zwischen deinen Zehen spüren?«, schrieb er sie an. Das weiße Chatkästchen war in den nächsten zwanzig Minuten verwaist. Bernd begann sich zu ärgern, wollte gerade pinkeln gehen, als ein paar Buchstaben in sein Blickfeld purzelten. »Ich spüre den Sand nicht.« Er lächelte und dachte: ›Sie hasst ihn wie ich‹.

»Nymphen haben ja auch keine Zehen«, schrieb er zurück und stellte sich vor, wie er sein Gesicht an ihre nackten Brüste schmiegte.

Beim Sonntagsmorgenbrunch fanden aller Augen nur mit Widerstand den Weg zueinander. Sohnemanns Blicke flüchteten unter den Tisch zum Handy, während Bernd und seine Gemahlin eine Blog-Harmonie parodierten.

»Ich bin sauer auf dich. Warum hast du mich angelächelt?«, wollte er von seiner Frau wissen.

»Ich habe dich nicht angelächelt. Ich habe dir die Zähne gezeigt.«

»Sah aber wie Lächeln aus.«

»Das war ein Abwehrmechanismus. Findet man oft bei Tieren, zum Beispiel bei Affen.«

»Hast du dich gerade mit einem Affen verglichen?«

Ihre Befangenheit ließ sie mit den Fingernägeln über den Hals kratzen. Bei Bernd sträubten sich alle Haare. Er ekelte sich, wie ihre Nägel über die Haut fuhren, und sie sah es ihm an. Sie lachte, etwas zu laut, sodass sogar Sohnemann aufschaute. Früher bezauberte ihn ihre Unsicherheit, heute provozierte sie ihn. Schließlich bedeutete das: Tu mir nichts! Und er war zornig, dass sie ihm nicht vertraute und traurig, weil sie recht damit hatte.

Er sah aus dem Fenster und sehnte sich nach einer Bohnenranke, die ihn davoneilen ließ, sah aber nur eine Wolke, die wie Godzilla aussah und gleich sein Heim zertrampeln wollte. Wortlos stand er auf und verließ den Raum.

»Ach, lecker war's«, las er später unter dem Foto im Familienchat von Bernds Essteller mit strategisch drapierten Krümeln, während das unangetastete Croissant auf dem Kompost weilte.

Er wollte nur auf einen Tee vorbeikommen, hatte Frank an der Tür behauptet, jetzt war er schon seit drei Stunden da. Aliena rührte im Glas und beobachtete die entstandenen Strudel.

»Ich möchte mit dir zusammen sein«, sagte Frank. Der Löffel rutschte ihr aus der Hand und klierte gegen den Rand. Aliena fixierte seine Haarlocke auf der Stirn, die sich wie ein Fragezeichen über seine Augenbraue lockte. Sie schwieg.

»Hast du jetzt jemanden?«, fragte er vorsichtig. Ihre Blicke trafen sich auf Umwegen. »Ich meine, für den Haushalt.«

Sie nickte und lehnte sich zurück. »Mary. Sie ist aus Ostafrika.« Aliena massierte sich mit den Fingerspitzen die Stirn. Sie richtete sich auf, schaute ihn an und griff nach seinen Händen. »Sie hat mir eine Suaheli-Geschichte erzählt.«

Die steile Falte zwischen seinen Brauen verriet Aliena, wie sehr er Geschichten hasste, die nicht er erzählte. Sie erhöhte den Druck ihrer Hände.

»Hör mir zu!«, und er schaute sie ernst an. »Es gab einmal ein armes und ein reiches Ehepaar. Die Frau des armen Mannes war wunderschön, die Frau des Reichen jedoch missgelaunt und hässlich. Da fragte der Reiche den Armen, warum seine Frau so attraktiv sei. Was täte er dafür, dass sie so schön sei. Und der mittellose Mann antworte: ›Ich füttere sie jeden Tag mit Zungenfleisch‹. Der wohlhabende Mann begann die edelsten Rinder der Umgebung aufzukaufen und schlachten zu lassen. Jeden Tag bekam seine Gattin feinstes Zungenfleisch, ohne jedoch ihre hässliche Verdrießlichkeit aufzugeben. Der Reiche ging enttäuscht zum Armen und beklagte sich, er habe alles getan, was der empfohlen hätte, aber kein Zungenfleisch der Welt hätte seine Frau schön gemacht. Der arme Mann musste lachen, schüttelte den Kopf und antwortete: ›Doch nicht solches Zungenfleisch, Mann! Ich habe ihr schöne Worte gesagt, sie mit Komplimenten gefüttert! Das ist das wahre Zungenfleisch, das eine Frau schön und glücklich macht.«

Frank entzog sich ihrer Berührung und verschränkte die Arme vor der Brust. Die Knie klemmten zwischen Sofa und Couchtisch. Er sah ihr in die Augen und sie wusste, dass er wusste, was sie jetzt sagen würde.

»Du fütterst mich auch mit edlem Zungenfleisch. Nur mit dem Falschen.« Sie senkte ihre Augen und betrachtete ihre Hände. »Es geht nicht.« Und sie hoffte, ihre Worte klängen nicht so roh, wie sie gemeint waren.

Geruchsgetöse auch im Auto. Die Duftbäumchen drängelten sich an dem Innenspiegel in allen erdenklichen Farben. Beim Fahren wippten sie hin und her, als wollte ein Regenbogen die Straße überqueren. Die Familie war auf dem Weg zu Omas fünfundsiebzigsten Geburtstag. Seit das Kind auf der Welt war, wurde seine Mutter durch Oma ersetzt. Selbst er nannte sie so, auch wenn er manchmal einfach nur Mamas Hand auf seinem Rücken vermisste, die ihn wies, sich in ihre Arme fallen zu lassen.

Während seine Frau die Familie im gemäßigten Tempo Richtung Nachbarort kutschierte, durfte Sohnemann vorne sitzen. Bernd beobachtete beide von der Rückbank aus und fragte sich, warum der Junior so darauf gedrängt hatte, wenn er jetzt doch nur auf sein Handy starrte. Das Radioprogramm konnte ihr aller Schweigen nicht übertönen. Bernd betrachtete die Augen seiner Frau im Rückspiegel und entdeckte keine Einstiegsluke in ihre Gedankenwelt. Die gepflegten, manikürten Hände am Lenkrad demaskierten durch ihre weißen Fingerknöchel ihre Begeisterung für das Familienfest. Mit den Händen am Steuer konnte sie wenigstens nicht fotografieren.

Auf seinen Beinen balancierte Bernd den Sahne-Erdbeer-Traum in Tortenform, und er überlegte, die Schutzhaube abzunehmen und mit der Nase ein Loch hineinzubohren. Seine Frau räusperte sich, ihre Blicke trafen sich im Rückspiegel und er fragte sich, wie viele Jahre sie schon seine Gedanken lesen konnte.

»Warum hängt dieser stinkende Papierwald eigentlich im Auto?«, lenkte er ihre Aufmerksamkeit von sich ab. »Man könne meinen, wir hätten eine Leiche im Kofferraum versteckt!« Und während Frau und Sohn ihn ignorierten, malte er sich aus, wie Aliena darüber lachen würde.

Er lüftete den Deckel der Tortendose und senkte den Kopf.

Aliena betrachtete sich in dem alten Flurspiegel und versuchte vergeblich, mit ihren Fingern ihre Locken hinter die Ohren zu kämmen. Sie holte tief Luft und bekannte ihrem Spiegelbild: »Wenn er mich ablehnt, dann kann ich mich nachher immer noch die Kellertreppe runterstürzen.«

Auf der Straße bremste ein Auto, eine Tür klappte auf und zu, jemand rief: »Taxi da«.

Aliena schloss für einen Moment die Augen. Ihre Hand zitterte, als sie die Tür öffnete und das Haus verließ.

Mehrmals hatte Bernd vorgeschlagen, einander zu treffen. Ihre Chats wurden holprig; Alienas Worte stolperten in seinen PC, als kämen sie über einen steilen Abhang hinabgepurzelt und landeten unsortiert und verletzt in seinem Schoß. Erst erschrak er über ihre Abwehrhaltung, fragte sich und sie, ob sie nur mit ihm spiele, er ein Zeitvertreib sei, ein Pausenclown für Aliena in ihrem einsamen Leben, in dem leibhaftig sie keinen Platz für ihn hätte.

Es regnete »Neins« und »Niemals« in seine Chatkästen hinein, flossen zusammen mit Tränen von ihr und von ihm. Vor Angst. Und vor Erleichterung.

Aber wenn sie ihm nicht gefiele, wollte sie wissen. Das passiere niemals, antwortete er. Sie seien füreinander bestimmt.

Bernd schaltete den Computer aus und bemerkt, dass er kein Licht gemacht hatte. Die Straßenlaterne vor seinem Haus leuchtete in sein Arbeitszimmer. Im Haus war es still, und er legte sich bekleidet auf die Schlafcouch und starrte an die Decke. ›Morgen werden wir uns sehen‹. Die süße Erwartung pulsierte in seinem Körper.

Unten im Haus wimmerte es. Er richtet sich auf. Katzenjammer. Augenblicklich nadelten die Schuldgefühle auf ihn ein. Der Kater war bestimmt zurückgekommen und klagte vor der Terrassentür. Las man ja immer wieder in der Zeitung, dass Tiere ihr Zuhause über tausende von Kilometer hinweg wiederfanden. Und das Tierheim war nur ein paar Straßen entfernt. Er richtete sich auf und öffnete leise die Tür, ohne das Licht anzuschalten. Das Jammern wurde lauter und er schlich auf Strümpfen zur Treppe, um von dort über den offenen Wohnbereich zur Terrasse zu blicken.

Das Jammern aus dem Wohnzimmer. Wie war das Vieh hineingekommen? Auf dem Sofa raschelte es. Die Rückenlehne wehrte seinen Blick ab, aber durch die Spiegelung in der Fensterscheibe konnte er die Sitzfläche erkennen.

Embryonal lag er dort zusammengekauert, die Hand mit einem geknüllten Taschentuch vor dem Gesicht: Der weinende Zyklop. In dieser Gestalt erkannte Bernd seine Frau nicht, fragt sich, ob die Tränen auch eine Inszenierung seien, denn schließlich konnte sie seine Gedanken lesen und wusste, er würde sie morgen verlassen.

Seit zwei Stunden wartete Bernd auf Aliena in dem Café. Eine Stunde war er zu früh dort, die andere war ein Polster an Vertrauen, das er in sie hatte. Ein Taxi fuhr vor. Eine junge Frau stieg aus. Sie trug eine Sonnenbrille, die Haare unter einem Tuch verborgen. Eine Fremde. Sein Herz pochte. Was wird seine Gattin sagen, wenn sie sein Vorgehen entdeckte? Vermutlich wird sie es erst zwei Tage später merken, wenn das Brathähnchen am Samstagabend ausblieb. Die Frau mit der Sonnenbrille lenkte ihren Blick suchend über die Cafétische. Sie nahm die Brille ab und begrüßte eine Frau am Nachbartisch mit flüchtigen Küssen.

›Was wäre, wenn ich Aliena nicht riechen kann?‹, überlegte Bernd. Sie musste nach einem Seelentanz duften, anders dürfte es nicht sein. Aber was war, wenn sie eine Fistelstimme hätte, die jedes noch so lieblich angedachte Wort seiner Schönheit beraubte?

›Vielleicht wird sie mich hassen, wenn sie erkennt, dass ich der Blog-Gatte mit den weißen Füßen bin‹.

Trotz der Sonnenstrahlen wurde ihm kalt. Ein Auto hielt an. Ein Taxi. Der Fahrer stieg aus und wanderte um den Wagen in Bernds Blickfeld zur Beifahrerseite, um sie zu öffnen. Dort erkannte er sie. Die braunen Haare, ungestüm um ihren Kopf. Sein Herz hastete von Kopf, Brust, Bauch und Unterleib zurück an seinen Platz und ließ der Lunge kaum Platz zum Atmen. Augenblicklich fühlte er sich unwürdig. Zu dick, zu kahl und ihre artikulierte Angst sprang auf ihn über.

Aliena drehte sich auf ihrem Sitz der Öffnung zu und suchte ihn unter den Gästen. Bernd wollte aufstehen und ihr entgegeneilen, jedoch fesselten ihn die Selbstzweifel an den Stuhl.

Der Taxifahrer öffnete den Kofferraum und hob ein großes Ungetüm heraus und stellte es zu Boden. Zwinkernd lächelte er Aliena zu und imitierte einen Karateschlag, mit dem er das Monstrum bezwang. Es klappte auseinander. Ein Sonnenstrahl reflektierte in den Felgen des Rollstuhls und blendete Bernd.

Aliena sah den Taxifahrer nicht an, obwohl er die ganze Fahrt sie nach ihrem Leben befragt hatte, um sie von einer Panikattacke abzulenken. Beinahe hätte sie auf seine Fußmatte gekotzt, aber er war so geistesgegenwärtig und hatte rechtzeitig die Lokalzeitung auf ihren Schoß geschoben. Ihr Erbrochenes landete neben den Kleinanzeigen für Haussanierungsdienste und Zuhause-Gesuche des Tierheims. Der Taxifahrer päppelte sie mit Trinkschokolade und deftigen Worten auf, sagte ihr, wie sexy sie sei und wenn der Scheißkerl sie sitzen ließe, nur weil sie nicht gehen konnte, dann sollte der Idiot ihr gestohlen bleiben. Schließlich darf der Kerl froh sein, dass sie sich auf der verfluchten Kellertreppe nicht auch noch das Genick gebrochen hatte.

Bevor der Fahrer die Autotür geöffnet hatte, erkannte sie ihn. Den Schwiegersohn, den Gatten aus dem Blog, und sie fühlte sich für einen Moment um ihre Vision betrogen. Doch dann sah sie den Schweiß auf seiner Stirn, die Hände, die sich auf seinen Hosen verknäulten und den Mund, der den Atem nicht bändigen konnte. Und sie erkannte sich.

Aliena protestierte nicht, als der Taxifahrer sie in den Rollstuhl hob und an die Cafétischgrenze schob. Ein Mann sprang auf und fragte, ob er behilflich sein könnte, und es war nicht ihr Fremder. Sie bat den Mann, ihr einen Weg zu dem hinteren Tisch zu bahnen, an dem der eingefrorene Kerl sitzen würde. Der Gentleman lachte und brachte sie zu dem Erstarrten.

»Hallo Fremder.« Sie waren auf Augenhöhe. Aliena berührte kurz sein Knie und Bernd heftete seine Konzentration auf ihre Hand. Er löste sich nur langsam aus der Starre. Als er den Blick hob, sah er die Röte auf ihren Wangen, den Mund mit einer stummen Frage leicht geöffnet.

»Welche Träume hast du, Aliena?«. Die Worte strömten plötzlich, ohne nachzudenken.

Sie lächelte, beugte sich weiter vor und brachte ihr Gesicht vor seines. Sie flüsterte so vertraut und sagte das, was er schon wusste: »Schau mir in die Augen, Liebster, vielleicht kannst du die Träume von letzter Nacht dort noch sehen.«

AUSFLUG ZUM SEE

Der Tag sah aus, als wäre er lässig auf Papier getuscht, mit verlaufenden Farben, in denen das Blau des Himmels mit dem zarten Ton der Seeoberfläche zusammenfloss. Von der auf einem Hügel thronenden Villa aus betrachtet, sahen die Gartentische und Stühle am Schilfufer wie Pilzgrüppchen im Gras aus. Tischdecken bewegten sich sacht im Wind und man hörte leises Klirren von Porzellan, wenn die Menschen an den Tischen ihre Tassen absetzten. Ein weiß bekleideter Mann lief zwischen Villa und Seeufer hin und her. Mit einem beladenden Tablett wirbelte er zwischen den Picknickenden herum und fragte, ob sie sich wohlfühlten. Kaffeeduft vermengte sich mit dem Geruch von Algen. Ein kleiner Tisch mit Stühlen war etwas abseits platziert, direkt am Anfang eines Stegs. Dort saßen zwei Frauen und betrachteten ein Entenpaar. Die eine Frau lächelte, die andere nicht.

»Es ist gut, nicht alleine zu sein«, sagte die Jüngere der beiden und nickte in Richtung Federvieh. Sie trug eine Jeans und zerstörte damit die Illusion, die beiden würden an diesem zeitlosen Ort in einem früheren Jahrhundert residieren.

»Oh, ich bin nicht alleine!«, antwortete die Angesprochene und lächelte erneut. Sie streckte der Jeans-Frau ihre Hand entgegen, an der ein Ring mit einem facettierten Stein funkelte, der mit den Lichtdiamanten auf dem Wasser konkurrierte. »Mein Verlobter fährt zur See. Amerika, Australien. Bald kommt er heim.« Sehnsucht ummantelte ihre Stimme. Und ein Fünkchen Zorn zog ihr die Sehnsucht sofort wieder aus. »Meine Mutter bezweifelt das.« Ihre krause Stirn ließ Gedankenstürme vermuten, während sie auf die glatte Seeoberfläche starrte und ihre Hand vor dem Gesicht flatterte, als wolle sie die mütterlichen Zweifel wie einen lästigen Mückenschwarm vertreiben. »Sie meint es gut, ich weiß, aber Mamas Bedenken nerven.« Sie schaute ihre Tischgenossin an. »Kennen Sie das auch von Ihrer Mutter?«

Die junge Frau wich ihrem Blick aus, starrte auf die Kaffeetasse vor sich, legte den Löffel neben den Unterteller und richtete ihn mit einer Fingerspitze im rechten Winkel zur Tischkante aus. Kaffeetropfen durchtränkten das Tischtuch.

»Meine Ma hat mich vor einiger Zeit verlassen«, sprach sie zu dem braunen Fleck.

»Mütter verlassen ihre Kinder nicht. Nicht absichtlich!« Ein zaghafter Trostversuch. Zarte Finger streiften flüchtig die Hand der anderen. Die Jeans-Frau entzog sich der Berührung, griff nach dem Löffel, rührte in ihrem Getränk und starrte auf ihr Tun, als bräuchte sie alle Konzentration dafür.

»Haben Sie denn auch einen Verlobten?«, fragte die andere weiter. Die Angesprochene schüttelte unmerklich den Kopf und betrachtete den Strudel in ihrer Kaffeetasse, den sie mit dem Löffel verursacht hatte.

»Keine Zeit. Zuviel anderes. Zu viele Verpflichtungen.«

»Wie alt sind Sie?« Beim Sprechen faltete die Frau die Finger wie zum Gebet. Es wäre eine bescheidene Geste, wäre da nicht dieser prächtige Diamantring.

»Ich bin achtundzwanzig.«

»Oh, dann sind wir fast gleich alt!« Sie schmunzelte. »Ich gebe zu, mit dreiunddreißig Jahren bin ich ein ›spätes Mädchen‹, aber wenn man vorher nicht den Richtigen findet ...« Sie entfaltete die Hände und richtete ihren Rocksaum. »Kinder?«

Die Befragte schüttelte erneut den Kopf, diesmal so stark, dass sich eine Strähne aus ihrem Zopfband löste. Ihre Gesprächspartnerin lächelte, beugte sich vor und schob den blonden Strang hinter das Ohr der jungen Frau. Die berührte ihr Haar, wo zuvor die Finger der anderen waren.

»Ich habe auch keine. Erst wird geheiratet.«

Die Ältere nahm vorsichtig einen Schluck aus der Tasse, als führe sie den Heiligen Gral an ihre Lippen.

Die Jeans-Frau lehnte sich zurück. Die Rückenlehne presste auf ihr Schulterblatt und sie fühlte sich in den Druckschmerz hinein, während sie die Augen ihrer Tischpartnerin betrachtete. Die waren hellblau, die Pupillen ungewöhnlich klein, wie Stecknadeln, vielleicht durch die reflektierte Helligkeit des Sees, denn ihr Blick schwebte übers Wasser und fixierte die Ferne, als erwartete sie, am Horizont ein Schiff zu entdecken.

Ein Frosch quakte und die Frau mit den hellen Augen lachte und meinte, der quake wie alle Leute auf den anderen Bänken und Stühlen hier an den Wochenenden. Die junge Frau schaute sich um und sah viele ältere Menschen an den

Tischen sitzen. Manche träumten in der Sonne, eine Drei-Generationen-Familie aß schweigend von bunten Eisbergen, während mindestens zwei der drei Generationen mit verschmierten Gesichtern dasaßen.

»Wissen Sie«, die Stimme der anderen fing sie wieder ein, »bald wird mein Verlobter kommen. Ich habe eine Postkarte erhalten«. Sie wühlte in der Tasche ihrer Strickjacke. Die junge Frau schaute ihr wortlos zu, wie sich die Finger unter dem Wollmuster bewegten, hektisch, ungeduldig. Als wäre eine Maus in der Tasche gefangen, die um ihre Freiheit kämpfte.

Beruhigend beugte sich die Jeans-Frau vor und legte die Hand auf die Außenseite der Tasche. Die Finger der Suchenden entspannten sich. Sie lächelte.

Eine Bedienstete trat an den Tisch und fragte, ob sie noch einen Wunsch hätten. Die eine verneinte, die andere lächelte nur und die Angestellte verschwand Richtung Villa.

»Die wollen den Tisch haben«, wisperte die Frau mit den hellen Augen verschwörerisch, während sie sich zu der Jeans-Frau vorbeugte. »Ich bin jeden Sonntag am See und die anderen ärgern sich, dass ich als Erste hier am Ufer sitze.«

»Aber dieses Wasser führt nicht nach Amerika. Oder Australien. Und schon gar nicht, jemanden von dort hierher zurück.« Der Stimmklang der jungen Frau war monoton; ihre Worte fühlten sich durchbrochen an, wie mittige Straßenmarkierungen, die während der Fahrt geräuscharm an einem vorbeifliegen, während man auf der Rückbank sitzend seinen Kopf an das Fenster lehnt und anderen die

Führung überlässt. Sie bereute es, sobald sie es ausgesprochen hatte. Sah die Tränen der anderen und schämte sich. »Entschuldigung«. Sie meinte es ehrlich. »Ich bin wohl nur neidisch, weil ich auf niemanden warten kann.«

Beide starrten auf die Enten, die zu schnattern begannen.

Die Frau in der Strickjacke strahlte wieder, befreite ihre Wimpern von Feuchtigkeit, sah auf das Wasser und fing an zu summen. Es war eine zarte Melodie, ein Kinderlied, das die Frau in Jeans überraschte und die Verbitterung aus den Augen stahl. Leise begann sie mitzusummen. Als beträte sie porösen Boden, traute sie sich erst nach mehreren Zeilen, Worte und Melodie zu vereinen. Die Frauen sangen zu den Enten, den Fröschen, den Schilfhalmen am Ufer, den Lichtdiamanten im Wasser, und mit einer leichten Brise trug der Wind das Lied auf den See hinaus. Als sie aufhörten, sahen sie sich für einen kurzen Augenblick. Nur für einen.

Die Jüngere schlug die Beine übereinander und ließ wieder einen Strudel in ihrem erkalteten Kaffee entstehen, der ein unachtsames Insekt mit in die Tiefen zog. Ihre Tischgefährtin begann zu zittern, umschlang sich mit ihren Armen. Die junge Frau stand auf und wollte der Frierenden ihre Jeansjacke umhängen, doch diese wehrte ab, als habe sie etwas Unanständiges vor.

»Ich kenne Sie doch nicht!« Und eine steile Falte zwischen ihren Brauen sah in Verbindung mit ihrem empört geöffneten Mund wie ein Ausrufezeichen aus. Die Zurückgewiesene ließ ihre Jacke fallen, trat zurück, zeigte instinktiv ihre leeren Handflächen, als wolle sie beweisen, sie habe keine Waffen dabei. Die Brauen der anderen entspannten sich.

Sie winkte einem Angestellten zu und lächelte die junge Frau an: »Das war nett mit Ihnen.« Sie zog ihre Wolljacke über ihre Hüfte, nahm stehend den Rest Kaffee aus der Tasse der Jeans-Frau und sagte: »Vielleicht sehen wir uns ja nächsten Sonntag wieder, zu einem Ausflug zum See.«

Die andere berührte sie zart an der Hand.

»Nicht nächsten Sonntag, Mama. Ich bin morgen schon wieder da. Sobald die Besuchszeit anfängt, komme ich vorbei.«

Der Pfleger trat zu ihnen und nickte der Tochter zu. Er bot der alten Dame galant den Arm an, als führe er sie zum Altar. Diese hakte sich bei ihrem Betreuer ein, lächelte ohne Ziel und begleitete ihn summend zur Villa.

Die junge Frau folgte den beiden mit ein paar Schritten Abstand, den Blick auf den Boden gerichtet, damit niemand sähe, wie sie die Kontrolle über ihre Mimik verlor. Bis morgen.

WEN MAN FRAGT

Franz Bremer hatte es für einen Scherz gehalten, als er am Mittwoch, den 01. April 1970 um 18.35 Uhr den Kragen hochschlagen musste, damit ein unerwarteter Schneeregenschauer ihm nicht die Nässe am Nacken hinunter rann.

Im grünen Eck, das weder grün war, noch sich auf an einer Ecke befand, hatten er und seine Arbeitskollegen auf die bevorstehende Geburt seines Kindes angestoßen, die just in dem Moment eingeleitet wurde, als Franz Bremer beschloss, wieder umzukehren und den Schauer mit einem Lütt und Lütt zu überbrücken. Seine Rückkehr hätte herzlicher nicht sein können. Viele Ohs und Ahs wurden gerufen, eine Lokalrunde eingefordert und der Eindruck erweckt, Franz Bremer wäre länger als nur die fünf Minuten fortgewesen, in denen er beschlossen hatte, den Kragen ruhen zu lassen und sein Gesicht in den Himmel hielt, bis die Kälte ihn ernüchterte und die Angst Oberhand gewann, dem Kommenden nicht gewachsen zu sein.

Derweil ihr Gatte damit beschäftigt war, die angespannten Muskeln von Schulterschlägen und Händeklopfen mit weiterem Korn zu lockern, presste und krallte sich Jutta Bremer in den Arm einer Krankenschwester und war nichts weiter als ein Schmerz, den sie herauszubrüllen versuchte.

Wenn man Jutta Bremer rückblickend glauben mochte, riss just der wolkenverhangene Himmel auf, als das Baby, Birgit Bremer, das Licht der Welt erblickte, und schenkte dem grauen Tag ein wenig Abendsonne. Vielmehr war es jedoch das Deckenlicht, das ein Pfleger anschaltete, damit die Hebamme besser die Glieder des Kindes durchzählen konnte. Zehn Finger und zehn Zehen zählte diese. Die Kleine wog 3150 Gramm, während der Krankenschwester bei den angewinkelten Beinchen entging, dass das eine kürzer als das andere war. Oder länger – je nachdem, ob man später Herrn Bremer oder Frau Bremer fragte.

Birgit Bremer trug neben einer Alliteration im Namen eine Genügsamkeit an den Tag, den sie für die kurze Zeit zum Lieblingsbaby der Säuglingsstation machte. Der rote Flaum ließ angesichts des dunklen Schopfes des Vaters den einen oder anderen Besucher zu Witzen hinreißen, die auch nicht abrissen, als die kleine Familie wiedervereint in ihrer Wohnung in Kummerfeld am Rande Pinnebergs ihre Vater-Mutter-Kind-Rollen füllte.

Birgit Bremer lernte von klein an das Kompensieren ihrer ungleichen Beine. Sie krabbelte länger als andere Kleinkinder und als es unausweichlich anstand, das Gehen zu lernen, richtete sie sich mit der Hilfe ihrer Mutter auf und ging einfach los, als hätte sie heimlich in ihrem am Türrahmen befestigten Hüpfer geübt – das eine Bein angewinkelter als das andere. Im Laufe der Jahre erkannte Frau Bremer am Geräusch der Schritte auch noch später, wer den Flur entlangging, bevor sie Untätigkeit mimte und die Zigarettenpackung in ihrer Schürze verschwinden ließ.

Birgit war im Gegensatz zur Ansicht ihrer Eltern ein glückliches Kind. Während Franz Bremer in der Nikotinsucht seiner Frau die Ursachen für das zu lange Bein sah, schwor Jutta Bremer, weder jetzt noch während der Schwangerschaft einen Glimmstängel angefasst zu haben.

Dem Alkohol geschuldet, vermutete sie, die Spermien faul und träge, sei das zu kurze Bein vermutlich aus einem verkrüppelten Kameraden aus des Gattens Hoden entstanden. Aber nur leise, denn weder sie noch ihr Mann konnten an der bestehenden Situation etwas ändern.

Schlingenaufhängung, Gewichte an Seilen mit streckender Funktion, waren allesamt gescheitert. Und während die Ärzte aufgaben, das weinende Kind weiter zu quälen, gaben sich Frau und Herr Bremer zischend die Schuld an dem zu langen beziehungsweise zu kurzen Bein.

In der Grundschule riet der Schularzt zu einer Schuherhöhung und während Birgit mittlerweile den Gang des angewinkelten Knies perfektioniert hatte, humpelte sie ein halbes Jahr mit nun gleich langen Beinen herum, bis sie die Schuhe auszog, wenn sie das Haus verließ. Einen Sommer über ging das gut.

Birgit Bremers Schulzeit war eher uninteressant, nur der Schulsport bis zum unwillkommenen Attest eine Freude, deshalb sei die Zeit gerafft bis zum Beginn ihres Berufslebens. Sitzend sollte die Tätigkeit sein, so zumindest die Idee ihrer Eltern, aber die junge Frau entschied sich dafür, Geschichte zu studieren und ihren Unterhalt mit Stadtführungen in Hamburg zu finanzieren. Festen Schrittes ging sie lange Wege – zu den Landungsbrücken, zum Chilehaus, in die Speicherstadt. Das Kopfsteinpflaster wurde ihr Freund denn hier, so wusste sie, humpelte jeder und neben ihr irgendwann ein Besucher, der immerzu ihre Tour buchte, ohne einen Blick für Hamburgs Sehenswürdigkeiten zu haben.

Jutta Bremer hatte achtundsechzig Stoßgebete bei der Geburt ihrer Tochter gen Himmel gesandt, in der Hoffnung, gehört zu werden. Noch in der Erinnerung, den Säugling im Arm, zählte sie nach, denn achtundsechzig war für sie eine magische Zahl. In diesem Jahr, genauer gesagt, am 03. Mai 1968, lernte sie ihren Mann Franz kennen, entkam der Bevormundung ihrer Mutter und den groben Händen ihres Vaters. Achtundsechzig war, wie sie fand, die Zahl für einen Neubeginn.

Jutta hatte nie Mutter werden wollen, war sehr wohl gewahr, dass sie somit die eine Abhängigkeit gegen eine andere austauschen würde. Und so war es auch keine Freude, als sie einen weiteren Morgen zum achtundsechzigsten Mal den Termin ihrer Periode nachrechnete, die jedoch ausblieb und ihr schwante, etwas anderes würde ebenfalls neu beginnen. Bis zur Niederkunft von Birgit, deren Ankunft Jutta dann doch – Hormone sei Dank – erfreute, betete sie das letzte der achtundsechzig Stoßgebete mit dem Versprechen, mit dem Rauchen aufzuhören, wenn alles gut ginge und ihr das folgende Leben nicht eine Last ans Bein binde.

Seitdem knibbelte Jutta an den Fingern, zog Hautlappen an den Nägeln ab und drückte unbewusst, wenn sie gestresst war, auf die wunden Stellen, weshalb die Nervenenden bis zu den Endgelenken schmerzten.

Als Jutta Bremer im Kleinkindalter ihrer Tochter bemerkte, dass Birgits Bein zu kurz geraten war, schwieg sie. Erst vor sich selbst, verbot den Gedanken, die Wege gehen zu wollen, die darauf wiesen, es wäre ihre Schuld gewesen. Beklagte stattdessen bei Gott, der wortbrüchig geworden war, wies mehrmals gen Himmel und zog nicht einmal einen Mantel an, obwohl ein Herbstwind tobte, ließ die damals Dreijährige allein zu Hause und kaufte sich im Tante-Emma-Laden am Eck, das sich tatsächlich an einem Eck befand, ein Feuerzeug und eine Packung Ernte 23, die sie auf dem Heimweg nahezu leer rauchte.

Bei ihrer Rückkehr saß Birgit immer noch unverändert auf dem Boden ihres Kinderzimmers und stapelte Türmchen zwischen ihren ungleichen Beinen. Das machte ihre Mutter zornig. Jutta Bremer schrie nach Selbstgeißelung und Bestrafung, die ihrer Ansicht nach spektakulär ausfallen sollten, vielleicht mit einer durch Waschmittel verätzten Speiseröhre der Kleinen oder einer verbrannten Kinderhand auf der Herdplatte. Nicht, dass sie ihrer Tochter Böses wünschte. Sie wollte nur die Mutterschuld offenkundiger zutage tragen. Versagt, bei einer Aufgabe, die sie nicht haben wollte. Sichtbar für alle, Verletzung durch Verletzung der Aufsichtspflicht. Jedoch nicht mit einem Kind, das von Geburt an geschädigt war, das Bein zu kurz oder zu lang – je nachdem, wen man fragt – sondern die Gene schlecht.

Da kann man nichts für, sagten die Leute offen und hinter verschlossenen Türen steckten sie die Köpfe zusammen und zeigten auf Jutta. Das würde jetzt ihr, Juttas Leben lang so bleiben.

Franz Bremer erinnerte sich nicht mehr an den Tag, an dem er seine Frau kennen gelernt hatte. Es war im grünen Eck, wie der Wirt ihm immer wieder erzählte, die Jutta Köhler, noch keine achtzehn Jahre jung, so blass wie die Wand das Gesicht, versuchte, ihren Alten, einen rothaarigen Griesgram, von dem Tresen zu zerren. Blass kam auch die Erinnerung, nur eine Kontur, vielmehr nur die Ahnung von dem Davor. Der Köhler und er, die Lütt und Lütt, DfB-Halbfinale, Köln gegen Dortmund. Natürlich war er für Dortmund, doch das sagte man nicht. Hier im Norden war das egal. Es wurde gefeiert. Weil ein Lütt und Lütt zu jedem Dit und Dat passte.

Frank Bremer half der Jutta damals beim Geleit des Alten, daran konnte er sich erinnern, auch wenn seine Gattin später etwas anderes behauptete. Der Rest ging schnell, vieles nicht mehr erinnert. Das Lästern seiner Kollegen, dass er sich die Kleine vom Köhler nahm – so naiv wie er.

Er war zufrieden, mit ihr, der Jutta, die rauchte wie ein Schlot und er ließ ihr die Marotte wie sie ihm die Lütt und Lütt am Abend.

Eine Trauung im Kleinen, die Feier im grünen Eck und die alte Köhler, die jetzt ihren Mann nach Hause zerren musste. Und trotzdem blieb da dieses Gefühl, etwas anderes hätte auf ihn gewartet. Etwas Großes, die Welt vielleicht. Oder etwas Kleines wie der Schoß seiner Kollegin Barbara in der Fabrik, deren Hand ihn beim Reparieren der Maschinen streifte.

Dass etwas noch Größeres auf ihn gewartet hatte, begriff Franz Bremer erst am 01. April 1970, kurz bevor ihm das Bewusstsein verließ und sein Kopf auf dem Tresen landete.

Wer ihn aus der Kneipe schleppte, wusste er nicht mehr. Wurde erst wieder der Erinnerung gewahr, als er sich mit einem Strauß geknickter Tulpen am Bett seiner Frau befand. Als die Krankenschwester seine Tochter ihm in den Arm legen wollte und er zurückschreckte. Seine Tochter echote es in seinem Kopf und er kniete sich vors Bett, betrachtete die winzigen zehn Finger, die nach etwas Unsichtbarem griffen. Und weinte.

In der Zukunft, so wusste er damals nicht, würde ihm Jutta diesen Moment immer wieder vor Augen halten. Da, so würde sie sagen, hast du mich gewürdigt und geehrt und Franz würde es besser wissen, aber nicht sagen: Es war der Kreislauf und das Wissen, für immer Sorge tragen zu müssen. Dass weder Welt noch Barbaras Schoß auf ihn warten würden und die Erkenntnis, dass das egal sei. Er liebte Birgit von der ersten Sekunde an, als er die Fingerchen ins Nichts greifen sah. Und ein bisschen auch Jutta, die ja auch etwas damit zu tun hatte.

Die Sehenswürdigkeiten Hamburgs hinter sich lassend, ließ Birgit Bremer einen Korb kreisen, um sich für ihre detaillierten Kenntnisse in Stadtgeschichte belohnen zu lassen. Trinkgeld, wie sie es nannte, ohne jedoch die Absicht zu haben, es ins grüne Eck zu tragen, das es immer noch gab, und mittlerweile – dank des Grünspans vieler Jahre und einem neuen Abriss- und Bebauungsplans des Ortes – seinem Namen alle Ehre machte.

Der Mann, der sie nun jedes Wochenende durch Altona, Speicherstadt und Portugiesenviertel begleitete, hieß Thomas Krugel. Genaugenommen gab es noch einen Willi zwischen Thomas und Krugel, aber den erwähnte er nicht offen.

Thomas war aufgrund einer aktiven Akne nicht unbeschwert anzusehen, aber dafür hatte er eine schöne Stimme und einen attraktiven Po und auf den Willi bildete er sich etwas ein, auch wenn Birgit die Begeisterung nicht teilte.

Zehn Jahre waren sie ein Paar. Das zwanzigste Jahrhundert endete und ein neues Jahrtausend begann, was ihre Eltern mit einem Lütt und Lütt im grünen Eck begrüßten, derweil Birgit mit Thomas Hamburgs Großstadt mied, da Thomas pessimistisch um einen totalen Ausfall der Systeme bangte.

Die Akne verschwand in den zehn Jahren, die sie beisammen waren und mit ihr Thomas' Interesse an Birgit. Der Totalausfall betraf nur den Willi und derweil Thomas Krugel sich daran machte, andere Städte zu besichtigen und neue Sehenswürdigkeiten zu besuchen, suchte Birgit Bremer die Schuld bei sich und alle anderen bei dem zu kurzen oder zu langem Bein – je nachdem, wen man fragte.

Birgit erzählte am 11. Februar 2002 um 20.17 Uhr in einem Klassenzimmer, das sich nicht lüften ließ, Tanja Lütken von dem schwindenden Interesse Thomas' und der Einsamkeit der Stadtführungen ohne den Schatten eines Menschen, der wissen wollte, was sie wusste.

Tanja traf sie bei einem VHS-Kurs, der sich das Lehren der Handarbeiten zur Aufgabe gemacht hatte. Ein Querschnitt in die Kunst der Weiblichkeit hieß es in der Broschüre und Tanja erklärte, sie mache das nur ihrer Mutter zuliebe. Birgit verstand das und dachte an ihre Schuherhöhung.

Birgit fragte Tanja, ob sie sie auch hässlich fände und auch wenn Tanja das immer wieder verneinte, litt Birgit unter der Angst, abgelehnt zu werden, die sie durch brillante Handarbeit wieder wettzumachen versuchte, einem Querschnitt durch die Kunst der Weiblichkeit und damit war nicht der VHS-Kurs gemeint.

Franz Bremer war insgeheim froh gewesen, dass Thomas Krugel erst das Gespräch und dann das Weite suchte. Er liebe sie nicht mehr, hatte der Thomas seiner Tochter gesagt, wie sie mit versteinerter Miene erzählt hatte und sich an ihren Vater gelehnt, während er nur ihre Hand tätschelte und wortlos dachte, sie hielte das schon aus und kompensierte das wie ihr zu langes Bein. Das zu lange Bein, oder das zu kurze, wenn man seiner Frau glauben täte, sei kein Grund, sie nicht zu lieben, dachte Franz an so manchem Tag, war er doch der lebende Beweis, auch wenn jeder Blick auf seine ansonsten nett anzusehende Tochter, schmerzte und am Herzen riss, bei der gesunden Genvererbung versagt zu haben.

Birgit Bremer hingegen kam nie auf die Idee, dass etwas mit ihrem Bein zu tun haben könnte. Sie fühlte sich zu dick, zu dünn, zu dünnhäutig, zu schweigsam, zu dumm, zu eloquent, zu aktiv und zu träge – bis zu dem Zeitpunkt, als Tanja in ihr Leben trat – oder der VHS-Kurs. Die weibliche Handarbeit lag beiden Frauen auf Anhieb und so wob und spann Birgit an einem neuen Leben, das eine überraschende Wende nahm – je nachdem, wen man fragte.

Für Birgit selbst war das nicht unbedingt der Fall. Die Sportlehrerin war ein lichter Moment gewesen, der ihr wies, dass es nicht an der Akne lag, warum Thomas nicht ihr Interesse gänzlich weckte.

Die Zeit verging und mit ihr spielte das Radio diesen oder jenen Song, am häufigsten Heavy Cross von Gossip, zu dem später ein halbnackter alter Mann beim Supertalent tanzte, was Birgit jedoch weder interessieren noch erleben würde.

Tanjas Küsse schmeckten nach dem, was Franz und Jutta Bremer in ihren nicht fanden und während fünf Jahre zuvor Birgit und Tanja im grünen Eck bei Lütt und Lütt Birgits Eltern mit ihrem Outing zu Tode erschreckten, fanden die beiden Frauen den ihrigen am 02. November 2010 um 16.14 Uhr an Lanzarotes schwarzer Lavaküste, genauer gesagt bei den Felsen Los Hervideros bei einem Selfie, deren Unebenheit am Klippenrand auch Birgits ungleichen Beine nicht auszugleichen wussten.

Ein zu kurzes Leben, beweinte Franz Bremer den Tod seiner Tochter, während seine Frau Jutta ihn in den Arm nahm und daran dachte, was für ein schöner Tod, zu sterben in einem glücklichen Moment, und dass das schwere Leben ihrer Tochter, bereits sehr lang gewesen sei, bei all dem Leiden mit dem zu kurzen Bein.

Birgit Bremer war zufrieden gewesen, trotz kurzen Beins oder langen, der Akne und den recht späten Besuch des VHS-Kurses. Es war ein gutes Leben, hätte sie geantwortet, hätte man es von ihr wissen wollen, mit Tanja an ihrer Seite und dem einen Bein, das sie daran erinnerte, immer auf das Gleichgewicht zu achten, bis zu jenem Tag, als das Glück und die Liebe sie dies alles vergessen ließ.

Das hätte Birgit Bremer erklärt, hätte sie es noch gekonnt und hätte man sie noch rechtzeitig gefragt. Aber direkt gefragt, das wurde Birgit Bremer nie.

FARBEN SEHEN

Ich möchte einen Baum umarmen, wenn die Welt in Flammen steht. Möchte eng verwachsen sein, meine Haare durch die Finger ziehen und sie in seine Krone weben.

Möchte meine Füße auf den Boden stemmen. Seine Wurzeln als die meinen spüren.

Raue Krusten überwinden und in der Erde Tiefe gehen.

Mich tief verwurzeln mit dem, was ich Heimat nenne. Dabei weiß ich bis heute nicht, woraus eine Heimat besteht. Warum die aus Erde geschaffen sei, kann ich sie bisher nur in den Augentiefen meiner Liebsten sehen.

Die Flammen der Welt können auch aus Stromschnellen bestehen. Das Wasser steigt und wir sehen zu.

Während die Pole schmelzen, polarisieren die anderen – die, die keine Zeit dafür haben, Bäume zu umarmen, sondern ihre Hände auf die Erde kleben. Auf die Kruste, unter der die Heimat weilt, die sie für ihre Kinder retten wollen.

Mit der Angst um unsere Welt flammt auch die Ungeduld. Auf die, die doch nichts ändern wollen. Und auf die, die es mit ihren Händen wollen. Verquollen, rau. Rindengleich.

Die machen das für sich, für uns, für alle. Für alle danach.

Und ich? Für mich gibt es kein Danach. Ich bin meine letzte Generation und schäme mich, darüber froh zu sein.

Denn die Erde brennt, und ich will einen Baum umarmen. Gerne den, der im Wasser fußt. Und zwar immer schon genau den und nicht erst, seitdem die Flusspegel steigen und die Empfindsamkeit, wenn wir die Zukunft in Fluten sehen.

Wenn die Welt in Flammen steht, dann ist der Baum, der im Wasser steht, der für mich im Gewirr meiner Empfindungen ruht.

Noch nie wollte ich so ungebildet sein. Nicht ständig auf mein Smartphone schauen. Nicht wissen wollen, wer wieder fällt, wer schießt, wer stirbt, wer angefangen hat. Wer das alles tut. Wer nicht für Waffen ist, ist für den Feind, und ich frage mich, seit wann es scheint, dass ich mit Sehnsucht nach dem Friedlichen aus der Zeit gefallen bin. Nicht mehr weiß, wohin mit mir. Zu wem gehöre ich, wohin orientieren? Was soll ich tun? Zu welchem Mutter- oder Vaterland? Suche auf allen vieren die Erde ab, denn die Heimat spüre ich in keinen Wurzeln mehr, die sind gekappt und nicht nur mein Leben, auch die Zeit wird knapp.

Sehe Heimat nur in den Augen meiner Liebsten, die wie ich mit dem Für und dem Wider kämpfen. Eine Hand klebt, die andere nicht. Ein täglich Streit mit dem Gewissen und auch der Sehnsucht nach den Händen eines Affen, der diese auf die Augen presst, die Ohren. Und den Mund. Nur die Gedanken sind frei wie ein Blatt im Wind.

Die Liebsten und ihre traurigen Augen, wenn sie an die Zukunft denken und auch zurück. Die auch noch Hunger kennen und um das Entsetzliche wissen, was Krieg aus Menschen macht und allen, die danach folgen. Bei Krieg gibt es keine letzte Generation. Die Erinnerungen verästeln sich in uns, wachsen nach. Die Wunden meiner Mutter schlagen Kerben auch in mir. Wir tragen sie fort, egal, auf welcher Seite wir stehen. Noch nie waren wir so aufgeklärt. Ergoogeln uns das, was wir wissen sollen. Oder besser gesagt: wollen. Suchen nach dem, was zu uns passt. Auf Kosten des Staunens und mit dem Verlust jeden Entdeckerglücks. Nach anderen Perspektiven und dem Blick. Auf uns, auf mich. Wie ich da den Baum umarm'. Erstarrt in meiner Angst, die Glieder lahm. Zum Spott der einen und auch zum Trost, den mit mir stehen noch andere orientierungslos.

Dabei lässt sich das Unbekannte für die Gestrigen leicht erklären. Immer mehr Stimmen nach Führung werden laut. Doch werden in tausenden Stimmen von Meinungen, nur die gröhlendsten gehört.

Das andere wird zu dem, was verborgen unter Krusten bleibt und im Unbewussten. Die Schuld hat seine Graustufen verloren. Und ich? Ich kann nur Farben sehen.

Ich möchte einen Baum umarmen, wer weiß, wie lange das noch geht. Und hoffe sehr, eines Tages wird mich jemand zu seinen Wurzeln tun. Langsam werde ich vergehen, werde endlich verwoben und in seiner Kühle ruhn'.

Neues Leben wird entfachen. Aus mir. Ein neuer Keim wird aus uns wachsen.

Ein schöner Traum, wenn ich den Baum umarme. Das sagte ich schon. Wäre ich doch nur nicht meine letzte Generation.

DANKSAGUNG

Schreiben ist eine einsame Angelegenheit. Das stimmt, ist zugleich ein Klischee und nicht vollkommend zutreffend. Dem zurückgezogenen Menschen mit seinem Schreibgerät ist etwas vorausgefolgt: die Begegnung mit anderen, dem Kreativpool für all die Dramen und heiteren Anekdoten, die hier in meinen Geschichten verarbeitet wurden. Ja, der Stricknadel im Po ging eine schmerzhafte reale Erfahrung voraus. Auch meine Hand fror im Eisfach fest. Den einsamen Mann auf der Bank, der Hunde liebte und die grußlose Alte am Fenster hatten echte Vorbilder und der »geniale Gatte am Grill« ebenso.

Während einige in meinem Bekanntenkreis sagen: »Oh, pass auf, was du sagst, sonst schreibt Maiken darüber«, füttern die anderen mich mit Begebenheiten. Sammeln und verwahren sie für mich, so wie Rosi und Papa es tun. Und nicht nur das.

Mein Vater und seine Lebensgefährtin Rosi sitzen bei jeder Lesung in der ersten Reihe, die Cover meiner Romane auf ihren Shirts gedruckt und schenken mir in all meinem Lampenfieber das Wichtigste im Leben: Ihre Liebe und den Glauben an mich, ich werde das schon rocken.

Danke für Eure Unterstützung, Eure Liebe, Eure Zuversicht und den leckeren Kuchen.

Meine Erstleserin ist auch die Frau, der ich es verdanke, meinen ersten Roman voller Ehrgeiz beendet zu haben. Heikes Urteil und ihr unerschütterliches Vertrauen in mein Schreibtalent, selbst wenn sie Geschichten kritisch beäugt, motivieren mich, ebenfalls an mich zu glauben. Sie habe ich hier in einem Bild verewigt. Danke, liebe Heike, ich brauche dich.

Tausend Dank an meine Freundin Petra, die auch dieses Manuskript Korrektur gelesen hat und an mein A-Team, meine Schreibmädels, Sabine Hirschfeld, Stefanie Schreiber und Aurelia Blum, die mich unterstützen und motivieren.

Selbst hier und da unbewusst ein Anekdotengeber, danke ich Uwe für die seelische und manchmal ganz praktische Unterstützung, die es mir ermöglicht, zu schreiben.

Danke für deine Freundschaft, Concetta, das Brainstormen mit dir, deine Erfahrungsberichte, die ich verarbeiten durfte. Ohne dich, hätte ich manch Geschichte nicht schreiben können.

Von Herzen danke ich meinem Verleger Marko Dietsch für sein Engagement, Literatur jenseits des Mainstreams Sichtbarkeit zu verschaffen, damit auch andere Stimmen gehört werden, in diesem Fall jetzt meine, in der ich mit latentem Humor über die Abgründe des Lebens schreibe.

Zuletzt geht mein großer Dank an Euch, liebe Lesenden. Es ist eine große Ehre und Freude gelesen zu werden. Ich bedanke mich über jede Form der Unterstützung, die mir hilft, mit meiner Literatur sichtbarer zu werden, zum Beispiel durch positive Rezensionen, Nennung in Social Media oder in dem Ihr mein Buch verschenkt.

Dabei geht es mir nicht nur um mich, sondern vor allem auch um die Stärkung unabhängiger Verlage, die in der Buchlandschaft, die geprägt ist durch die Dominanz großer Konzerne und den »angesagten Themen«, um die Vielfalt der Literatur kämpfen.

Danke, dass Ihr dabei helft, die Welt bunter zu gestalten!

Erstveröffentlichungen der Stories:

»Dachgedacht«, in: Literaturzeitschrift Haller 13, »Schuld«. Corinna Griesbach (Hrsg.). Murnau am Staffelsee, 2016.

»Lichtquadrate«, in: »Fenster, Rahmen« Eine Bild-Text-Anthologie. Jennifer Günther, Stephanie Keunecke, Ina Lammers (Hrsg.). Bochum, 2017.

»Wortwaisen«, in: »Wie die Menschen aufhörten Kriege zu führen ...«. Ein Sammelwerk des Burgenländischen Forums gegen Gewalt. LR Verena Dunst und mag. Christian Reumann (Hrsg.). Eisenstadt, 2017.

»Mutters Sticheleien«, in: »Schmerzlos«. Kurzgeschichtensammlung. Cluewriting, Rahel Meister, Sarah L. R. Schneiter (Hrsg.). Zürich, 2017.

»Kein Fremdwort«, in: »Es hört sich an wie eine Melodie«. Siegerbeiträge und ausgewählte Teilnehmerbeiträge des 2. b.bobs 59-Literaturwettbewerbs. Helga Bürster, Nicoleta Craita Ten`o, Anna-Katharina Scherf, Inge Witzlau, Alfred Büngen (Hrsg.). Vechta-Langförden, 2020.

»Schabernack des Schicksals«, in: »Zur falschen Zeit am falschen Ort.« Brigitte Lamberts (Hrsg.). Leipzig, 2021. adakia Verlag.

»Ausflug am See«. In: introspektiv magazin #2, Fassade. Julia Hoch und Sabine Gelsing (Hrsg.). Essen 2021.

»Schattenspiele«. In: »Bittersüße Wirklichkeiten«. Anthologie von Menschen mit Behinderungen. Band 1 A-K. Marianne Behechti, Linda Daum, Doris Egger, Kira Flieder, Inge Witzlau und Alfred Büngen (Hrsg.). Vechta, 2022.

»Schattenspiele«. In: »Bittersüße Wirklichkeiten«. Anthologie von Menschen mit Behinderungen. Band 1 A-K. Marianne Behechti, Linda Daum, Doris Egger, Kira Flieder, Inge Witzlau und Alfred Büngen (Hrsg.). Vechta, 2022.

»Leberwurstküsse«. In: Literaturzeitschrift Haller 20, »Ich feier das«. Corinna Griesbach (Hrsg.), 2023.